Murry Hope

Magie und Mythologie der Kelten

Das rätselhafte Erbe einer Kultur

Aus dem Englischen
von Christian Wehr

Deutsche Erstausgabe

WILHELM HEYNE VERLAG
MÜNCHEN

HEYNE SACHBUCH
Nr. 19/81

Titel der englischen Originalausgabe
PRACTICAL CELTIC MAGIC
Erschienen bei The Aquarian Press, Wellingborough,
Northamptonshire

*Für Win Beacon,
einem wahren Diener der alten Völker*

2. Auflage
Redaktion: Andrea Bubner

Copyright © 1987 by Murry Hope
Copyright © 1990 der deutschen Ausgabe
by Wilhelm Heyne Verlag GmbH & Co. KG, München
Printed in Germany 1990
Umschlagbild: Bavaria Bildagentur/Picture Finders, Gauting
Umschlaggestaltung: Atelier Adolf Bachmann, Reischach
Satz: Fotosatz Völkl, Germering
Druck und Verarbeitung: Ebner Ulm

ISBN 3-453-03749-9

INHALT

DRITTER TEIL
FORMEN KELTISCHER MAGIE

EINLEITUNG

Die Deutung der »letzten Wahrheit« innerhalb einer Kultur wird zweifellos von vielfältigen Faktoren bestimmt. Die geographische Lage, ethnische Einflüsse und die verschiedenen Mentalitäten spielen ebenso eine Rolle wie die kollektiven Ausdrucksformen mit ihren kompensatorischen Begleiterscheinungen. Religion und Magie der alten Ägypter hatten beispielsweise einen hohen praktischen Stellenwert. Sie waren fester Bestandteil des geistigen und wirtschaftlichen Lebens, wie in den Eigenschaften und Taten ihrer Götter deutlich wird. Die Ausprägungen der afrikanischen Magie sind mehr instinktiver Natur, während die alten Griechen ein logischeres, analytischeres Weltbild entwickelten.

Davon unterscheiden sich wiederum die ethischen und esoterischen Normen des Ostens mit ihrer philosophischen Skepsis gegenüber den materiellen Werten, die man als Folgeerscheinung einer abstrakt-spirituellen Zielvorstellung deuten kann.

Im Gegensatz dazu widerspricht der keltische Mystizismus dem überlieferten Bild eines furchtlosen, großspurigen, launischen und oft auch kriegerischen Volkes, denn er ist stark vom Künstlerischen, Musikalischen und Mütterlichen geprägt. Die Aura des Körperlosen und Märchenhaften, welche seine Lehren umgibt, vermittelt die Erfahrung kindlichen Staunens. Sie verweist auf eine enge Beziehung zur Natur und den verborgeneren Lebensformen, an welchen wir auf diesem Planeten teilhaben.

Eine allgemeine, unterbewußte Renaissance des alten keltischen Geistes läßt sich etwa an der Popularität von Tolkiens Büchern oder dem Faible der Filmindustrie für die ewig beliebten Fabeln von Robin Hood, Merlin, König Artus und anderen Helden aus Mythen und Sagen ablesen.

Um den psychologischen Hintergrund dieses heroisch-romantischen Mystizismus zu verstehen, werden wir eine

Reise in die Vergangenheit unternehmen. Dort können wir Herkunft und Geschichte des Volkes näher untersuchen, das mit historischen Taten, aber auch seiner Kunst, Philosophie und Mythologie vielfältige magische Spuren hinterließ.

Murry Hope

ERSTER TEIL

GESCHICHTLICHE, MÜNDLICHE UND MYTHOLOGISCHE QUELLEN

Von einem menschenreichen und ungestümen Volksstamm – wie die Sage von ihm zu berichten weiß – wurdest du zuerst besiedelt, Britannien, Königin der Inseln: Er kam aus einem Reich in Asien und dem Gebiet der Grafis, ein Menschenschlag, von dem man sagte, daß er sehr kunstfertig sei.

Das Herkunftsland, die Mutter dieser kriegerischen und seefahrenden Abenteurer, blieb jedoch unbekannt.

Wer konnte ihnen, die sich in lange Gewänder kleideten, gleichkommen?

Ihre Kunstfertigkeit rühmte man; sie wurden der Schrekken Europas.

1. Herkunft, Kleidung und Aussehen

Die Chroniken der Nationen, die während der fünfhundert Jahre vor unserer Zeitrechnung lebten, berichten ausführlich vom Wesen und Wirken eines Volkes, das man die Hyperboreaner oder Kelten nannte. Die Bezeichung »Kelten«, von der man annimmt, daß sie auf ein Ursprungswort mit der Bedeutung »Held« zurückzuführen ist, erscheint historisch erstmals in den Schriften des Geographen Hecateaus um 500 vor Christus. In der Tat sind die Verweise auf die alten Kelten in der zeitgenössischen Geschichtsschreibung viel zu umfangreich, als daß man sie in ein Buch einbeziehen könnte, das sich hauptsächlich mit den magischen und metaphysischen Komponenten der keltischen Tradition und Glaubenswelt beschäftigen wird. Daher sehe ich mich gezwungen, die historischen Stellungnahmen auf das gebotene Minimum zu reduzieren und im ersten Teil dieses Buches abzuhandeln. Wer jedoch diesem Aspekt die Aufmerksamkeit und Zeit widmen möchte, welche ihm eigentlich gebührt, wird hierzu im Anhang eine umfangreiche Bibliographie finden.

Obwohl uns die Schriften der Vergangenheit eine Fülle von Informationen bieten, was Mentalität, Reisen und Eroberungen dieses äußerst vielseitigen Volkes betrifft, so bleiben die Ursprünge ebenso wie seine Philosophie und Magie im dunkeln. Während die Archäologen die Hallstattperiode als erste Manifestation keltischer Identität ansehen, schlossen die Forscher anderer Disziplinen ihre Thesen eher aus jenen schriftlichen und mündlichen Quellen der Vorzeit, die vermuten lassen, daß es die Kelten als homogene kulturelle Gruppe schon viel früher, etwa um 2000 vor Christus, gab.

Die Kelten waren ein südeuropäisches Volk indogermanischer Herkunft, das sich zuerst in Böhmen niederließ und später, auf der Suche nach dem Heimatland der Sonne, westwärts zog. Man rekonstruierte kürzlich anhand von Untersuchungen heutiger Nachkommen, daß die Kelten die Blutgruppe »0« hatten, wodurch sie sich von den Ureinwohnern des indischen Subkontinents mit der dominanten Blutgruppe »B« unterschieden.

Die Geschichtsschreibung berichtet von zwei keltischen Hauptgruppen, von denen eine auf die Kelten des Tieflands zurückgeht, die von der Donau kamen und ihre Heimat etwa um 1200 vor Christus verließen. Während ihres langen Weges quer durch Europa, der sie über das Donautal bis nach Irland führte, gründeten sie auch die Pfahlbauten an den Seen der heutigen Schweiz. Sie waren in der Metallbearbeitung sehr bewandert und fertigten Arbeiten aus Gold, Zinn und Bronze. Im Gegensatz zur bekannteren keltischen Linie widmete sich diese Gruppe mehr der Landwirtschaft und formierte sich hauptsächlich aus Bauern, Hirten und Handwerkern, welche die Feuerbestattung dem rituellen Begräbnis vorzogen. Sie schlossen sich friedlich mit den Stämmen der Megalithenkultur zusammen, um gemeinsame Siedlungen zu gründen, und beeinflußten nachhaltig die Religionen sowie die Kunst- und Handelsformen, welche sie auf ihrem langen Weg nach Westen kennenlernten. Ihr Glaube unterschied sich auch von der matriarchalisch geprägten Religion der anderen Hauptgruppe.

Letztere bezeichnet man oft als die »wahren Kelten«. Sie folgte dicht hinter ihren Verwandten aus dem Tiefland und tauchte erstmals zu Beginn des sechsten Jahrhunderts vor Christus am linken Ufer des Rheins auf. Aus den bergigen Landstrichen des Balkans und der Karpaten kommend, organisierte sie sich in Form einer Militäraristokratie. Da ihre Mitglieder in dem Ruf standen, leidenschaftliche Kämpfer zu sein, verdingten sie sich oft als Söldner in den Heeren der Frühzeit. Sie lebten in einem ausgeprägten Klassensystem, dessen Überwachung eines der hervorstechendsten Merkmale ihres Sozialwesens war. Diese kriegerische Linie der Kelten plünderte Rom und Delphi und marschierte siegreich über die Britischen Inseln und große Teile Europas.

Neben der militärischen Seite ihres Wesens waren ihre Mitglieder auch für ihre Ritterlichkeit, Unerschrockenheit und ihren Mut bekannt. Diese aggressiveren Eigenschaften wurden auf der anderen Seite durch eine hohe Sensibilität für Musik, Dichtung und Philosophie ausgeglichen. Im Gegensatz zu ihren Verwandten aus dem Flachland begruben diese Kelten ihre Toten. Ihre hochentwickelten religiösen Rituale zu Ehren des Gottes Lugh werden von der frühen Geschichtsschreibung ausführlich überliefert.

Dr. Anne Ross berichtet in ihrem Buch »Everyday Life of the Pagan Celts«, daß das Wort »keltisch« in verschiedenen wissenschaftlichen Disziplinen jeweils anders erklärt wird. Innerhalb des linguistischen Ansatzes bezeichnet es beispielsweise alle Gruppen, die sich der vorzeitlichen indoeuropäischen Sprachen bedienten. Aus der ursprünglichen keltischen Mundart entwickelten sich zwei Untergruppen: Eine ist den Sprachforschern als »q«-keltische oder gälische bekannt. Man bezeichnet sie so, weil hier das ursprünglich indoeuropäische »Qv« als »Q« beibehalten wurde, das man wie »K« aussprach, aber als »C« schrieb. Diese Version der keltischen Sprache wurde in Irland und auf der Isle of Man gesprochen, bis sie sich im späten fünften Jahrhundert nach Christus auch in Schottland durchsetzte. Die zweite Gruppe ist als »p«-keltisch oder britannisch bekannt und verwandelte den indoeuropäischen »Q«-Klang in »P«. Diese Sprachform des Keltischen wurde in großen Teilen Europas gesprochen und gallisch oder gallo-bretonisch genannt. Zur Zeit der Römer war sie auch in Britannien verbreitet und teilte sich später in das Walisische, Bretonische und die Mundart aus Cornwall auf.[1]

Die Archäologen fassen die Kelten dagegen nach spezifisch kulturellen Kriterien zusammen. Offensichtlich besaßen sie ein großes Talent, das Gedankengut anderer Nationen weiterzuentwickeln, wie etwa in den La-Tène-Relikten deutlich wird. Letztendlich spielt es aber keine Rolle, von wem sie Ideen und Formen borgten, denn diese Anleihen wurden mit einem so starken und unverkennbaren keltischen Geist adaptiert, daß ihr Ursprung hinter dem neuen Einfluß kaum mehr erkennbar blieb.

Da die keltische Geschichte mündlich überliefert wurde, bleibt uns nur wenig, um die Ursprünge und frühen Tage dieses Volkes zu erforschen. Archäologische Funde gelten daher für die Wissenschaft als zuverlässige Informationsquellen, was Leben und Bräuche der Kelten betrifft. Daneben gibt es auch einen beachtlichen Reichtum an Literatur über dieses Thema, der hauptsächlich aus griechischen, römischen und irischen Quellen stammt.

Die Hallstatt-Kultur wird um 700 vor Christus datiert. Sie liefert den Archäologen äußerst wichtige Fingerzeige, denn hier lassen sich die ersten Spuren der keltischen Kultur identifizieren. Während dieser Periode, die sich von 700 bis 500 vor Christus erstreckte, fanden wichtige technische Neuerungen in Europa statt. Das Eisen verdrängte die Bronze als Werkstoff. Obwohl die Legierung von den keltischen Kunsthandwerkern bevorzugt wurde, setzte sich das Eisen im militärischen Gebrauchsgut durch.

Die Gegend um Hallstatt liegt in den Bergen, über dem westlichen Ufer des gleichnamigen Sees nahe der Stadt Salzburg im österreichischen Salzkammergut. Obwohl es als erwiesen gilt, daß die keltische Kultur hier nicht ihre Ursprünge hat, verliehen einige Kunstgegenstände, die man dort im 19. Jahrhundert fand, dieser Periode der keltischen Geschichte ihren Namen. Die nahegelegenen Salzminen trugen erheblich zum wirtschaftlichen Wohlstand bei. Die Gegend um Hallstatt liefert den Archäologen vielfältige Informationen, was das Alltagsleben der Kelten betrifft, in bezug auf Eßgewohnheiten, Kleidung, Kunstproduktion, Metallverarbeitung, Wohnung und vieles mehr. Die Funde vermitteln hohen zivilisatorischen Standard und eine beachtliche Reichweite des Wirtschaftslebens: Bernstein von der Ostsee, phönizisches Glas, Blätter, in alter Handarbeit aus Gold gefertigt, eiserne Schwerter, Scheiden, die reich mit Gold, Elfenbein und Bernstein verziert wurden. Das Nationalmuseum in Dublin birgt wertvolle Schätze des keltischen Kunsthandwerks, wie man sie auch in Hallstatt fand. Offensichtlich herrschten schon im dritten Jahrhundert vor Christus rege Handelsbeziehungen zwischen Kelten, Etruskern, Griechen und Römern. Die Gräber der Kelten sind einzigartig und lassen noch etruskische Bestattungstraditionen erkennen, wie Anne Ross berichtet. A. Mahr hingegen ist der Ansicht, daß die keltische Zivilisation derjenigen des Bronzezeitalters weit überlegen ist.

Die zweite Phase der keltischen Entwicklung läßt sich aus den Funden bei La Tène in der Schweiz rekonstruieren. Sie sind von starker religiöser Aussagekraft und stehen mit dem irischen und walisischen Glauben in Verbindung, was die Vorstellung eines Lebens nach dem Tode sowie die keltischen Götter betrifft, die zu jener Zeit verehrt wurden. Man muß sich jedoch bewußt machen, daß diese Funde in örtlich begrenzten Gebieten gemacht wurden. So betont Mahr auch mit Nachdruck, daß La Tène und Hallstatt keine scharf trennbaren zeitlichen Abschnitte repräsentieren, die in den Provinzen gleichzeitig begannen und endeten.[2]

Was wir wissen, ist, daß im fünften und vierten Jahrhundert vor Christus, also der Zeit, die von Rolleston als das »Goldene Zeitalter der Kelten« bezeichnet wurde, die Kelten überaus erfolgreiche Kriege führten und den Verlauf der südeuropäischen Geschichte nachhaltig beeinflußten. Um 500 vor Christus entrissen sie den Karthagern Spanien, ein Jahrhundert später waren sie gemeinsam mit den Etruskern maßgeblich an der Eroberung Norditaliens beteiligt. Sie ließen sich in Cisalpine Gaul nieder, wo sie verschiedene Ortsnamen prägten, die heute noch ihre Taten bezeugen. Der römische Dichter Vergil war beispielsweise keltischer Abstammung. Sein Name bedeutet »sehr hell« oder »glänzend«, und seine Liebe zur Natur, zum Mystizismus und zur kunstvollen Sprache sind typisch keltische Qualitäten.

Die Quellen überliefern uns frühe Beschreibungen der in Auftreten und Benehmen sehr charakteristischen keltischen Rasse. Es wird übereinstimmend berichtet, daß es sich um einen hochgewachsenen und überaus kräftigen Menschenschlag handelte, blauäugig und mit blondem bis rötlichem Haar. Diodorus Siculus schreibt, daß die Männer eine Vorliebe für Bärte hatten. Beide Geschlechter legten großen Wert auf ihr Äußeres; die Männer wetteiferten mit den Frauen in Größe und Schönheit.

Strabo erwähnt eigens ihr Haar, welches, wie er berichtet, »nicht nur von Natur aus blond ist, sondern dessen Farbe durch künstliche Mittel noch verstärkt wird. So waschen sie regelmäßig ihr Haar mit Kalkschlamm und kämmen es über den Kopf nach hinten in den Nacken. Damit ähneln sie mythologischen Gestalten wie Satyr oder Pan, denn das Haar wird durch diese Behandlung so dick, daß es sich kaum von der Mähne eines Pferdes unterscheidet.«[3] Irische Quellen beschreiben die keltische Aristokratie als von heller Haarfarbe, mit feiner Haut und ovalen Gesichtern, und Strabo betont, daß ihr »sehr heller Teint« mit der dunklen Haut anderer Mittelmeervölker kontrastiert. Ähnliches stellt er über ihre Körpergröße fest.

Auch die Sagen und Erzählungen berichten von der besonderen Farbe und Beschaffenheit des Haares, etwa von »fließendem Haar« oder »golden strömenden Mähnen«. Wie überliefert wird, hatte ihr Blond jedoch eher einen rötlichen Schein und war weniger von dem Aschblond, wie man es gewöhnlich bei germanischen oder angelsächsischen Völkern beobachten kann. Der römische Schreiber Dio Cassius beschreibt die Königin Boudicca folgendermaßen: »Sie war von riesiger Gestalt, schrecklich anzusehen, ihre Stimme war rauh. Eine Unmenge schimmernd roten Haares fiel ihr bis über die Knie.«[4]

Zusammenfassend können wir mit Gewißheit sagen, daß die keltische Aristokratie in den relevanten Quellen übereinstimmend als hochgewachsen beschrieben wird, die Männer sehr kräftig, die Frauen mit hellem, rötlichem Haar, graublauen Augen, ovaler Gesichtsform und frischem Teint. Diodorus Siculus läßt eine humorvolle Bemerkung über ihre Kinder fallen, die, wie er meint, »meist mit grauem Haar geboren werden, aber mit fortschreitendem Alter die Haarfarbe ihrer Eltern annehmen«.[5]

Wie bei den Teutonen, war die Kopfform der Kelten lang und schmal, ein Phänotyp, wie man ihn heute noch im Marne-Becken beobachten kann, wo sich viele Kelten niedergelassen hatten. Im Musée de Saint-Germain kann man das Skelett eines hochaufgeschossenen keltischen Kriegers besichtigen, welches noch mit seinen ehemaligen Kriegswaffen gerüstet ist. Auch die Bewohner der Britischen Inseln haben lange, schmale Köpfe. Die runde Kopfform der Alpenbewohner taucht selten auf, während die heutigen Bewohner Frankreichs eher zu diesem Typ zählen.[6] (Wer sich hierzu zusätzlich informieren möchte, sei auf die Monographie »The Distribution of the Human Blood Groups and Other Polymorphisms« der Oxford University Press aus den siebziger Jahren verwiesen.)

Die Kelten werden in der Geschichtsschreibung als so wählerisch bezeichnet, was die äußere Erscheinung betrifft, daß man ihnen eine gesunde Eitelkeit als typische Eigenschaft zuschreiben kann. Dementsprechend waren sie sehr körperbewußt, und Beleibtheit galt als Schande.

Hierzu eine Passage bei Strabo: »Im folgenden eine weitere Eigenheit. Sie geben sich die größte Mühe, nicht dick zu werden. Jeder junge Mann, dem ein normaler Gürtel nicht mehr paßt, wird mit einer Geldbuße belegt.«[7] Ein kleines Quantum dieses Bewußtseins könnte uns heutzutage nicht schaden!

Den großzügigen Gebrauch der Kelten von Schmuck und bunten Farben kann man sich anhand von Zeichnungen und Relikten vergegenwärtigen, die durch die Dauer der Überlieferung ein womöglich nicht mehr ganz originalgetreues Bild vermitteln. Ihre Art, sich zu kleiden, fand jedoch nicht den ungeteilten Beifall des zeitgenössischen Geschmacks. Dazu bemerkt J. J. Tierney: »Zu ihrem offenen Gemüt und ihrer Spiritualität muß noch ergänzt werden, welchen Hang zu kindlicher Prahlerei und üppigem Schmuck sie haben. Sie lieben Ornamente aus Gold sowie Arm- und Handreifen. Hochrangige Persönlichkeiten tragen bunte, goldbesprenkelte Gewänder. Es muß diese Eitelkeit sein, die sie im Sieg so unausstehlich macht und in der Niederlage vollkommen verzweifeln läßt.«[8] Mit Sicherheit unterschieden sie sich in ihrem Temperament gänzlich vom stoischen Wesen der nördlicheren Völker. Spence zufolge ordnete die ältere Schule der Anthropologen sie den Sanguinikern zu.

Es herrscht wenig Zweifel darüber, daß die Kelten zur Selbstdarstellung neigten. Ihr Sinn für das Dramatische und Emotionale äußert sich in reichen Verzierungen, bronzenem Pferdeschmuck und Emaillearbeiten, die der kretischen oder mykenischen Handwerkskunst durchaus ebenbürtig sind. Besonders auffällig ist ihre Vorliebe für Gold, aus dem sie teilweise sogar ihre Harnische fertigten. Posidonius und Diodorus Siculus berichten übereinstimmend, daß ihre Tempel und heiligen Stätten mit unbewachten Gaben aus Gold gefüllt waren, an denen sich nie jemand vergriff!

Als Vercingetorix Cäsar die Niederlage gestand, nachdem er sich mit den versammelten Heerführern beraten hatte, rüstete er sich mit seinen wertvollsten Waffen, schmückte sein Pferd mit dem schönsten Geschirr und übergab sein Schwert dem Eroberer. Zuvor war er dreimal um das römische Lager geritten. Die Szene von Vercingetorix' Kapitulation wurde nicht von Cäsar selber überliefert, sondern findet sich bei Plutarch sowie dem Historiker Florus und wird als historisches Faktum allgemein anerkannt. Polybius berichtet von einem geschichtlichen Ereignis aus der Schlacht von Clastidium. Die Gaesati (ein Volksstamm, der sich nach dem »gaesum« benannte, einem keltischen Wurfspieß, der damals die hauptsächliche Waffe darstellte) bildeten die Vorhut des keltischen Heeres. Sie zogen sich zum Kampf nackt aus, und der Anblick dieser hochgewachsenen, hellhäutigen Krieger, auf deren Körpern die goldenen Halsspangen und Armreifen leuchteten, wie sie die Kelten so liebten, erfüllte die römischen Legionäre mit Furcht und Schrecken. Leider wurde der goldene Schmuck am Ende des Tages in römische Karren verladen, um später das Kapitol in Rom zu verschönern, und so lautet Polybius' Schlußkommentar: »Nicht nur gewöhnlich, sondern ausschließlich, in allem, was sie anpacken, werden sie von ihren Leidenschaften zum Äußersten getrieben und unterwerfen sich niemals den Gesetzen der Vernunft.«[9] Weiterhin wird berichtet, daß die Keuschheit, wie man sie von den Germanen kannte, nie ein keltisches Charakteristikum war. Dies läßt vermuten, daß die Kelten neben ihrem kindlichen, emotionalen, großzügigen, extrovertierten und künstlerischen Wesen im Grunde genommen hedonistischer Natur waren. Nur in den Bereichen Religion und Magie beugten sie sich den strengen Forderungen nach Disziplin und Gehorsam.

Es ist schade, daß wir so wenig über die Herkunft dieses Volkes und seinen Aufbruch aus dem nördlichen Indien erfahren können, ebenso wie über die Ursprünge einiger ihrer fortgeschrittenen metaphysischen Konzepte, die in den Mysterien ihrer geheimen Kulte verborgen liegen. Aber diese hermetische Abgeschlossenheit hängt sicher mit dem ureigensten Wesen der Kelten zusammen, die sich ständig auf der Wanderschaft und der Suche nach dem göttlichen Avalon befanden. Es muß einen Schuß Zigeuner-temperament in ihrem Charakter geben, denn auch heute noch spüren viele, denen das alte keltische Blut in den Adern fließt, das Bedürfnis, von Zeit zu Zeit nach den Wurzeln zu suchen, den eigenen Horizont zu erweitern und zu reisen. Wenn nicht äußerlich, so doch in der immerwährenden Suche nach den Antworten auf die Rätsel des Lebens und des Todes.

1. Ross, Dr. Anne, *Everyday Life of the Pagan Celts,* S. 18
2. Ebd. Ross, S. 29
3. Ebd. Ross, S. 51
4. Ebd. Ross, S. 56
5. Ebd. Ross, S. 57
6. Rolleston, T. W., *Myths and Legends of the Celtic Race,* S. 44
7. Op. cit. Ross, S. 61
8. Op. cit. Ross, S. 61
9. Op. cit. Rolleston, S. 41

2. Geschichtliche Beobachtungen und Kommentare

Die Kelten waren keineswegs das einzige Volk, das in den damals bekannten Gebieten Europas lebte. Es gab noch die Germanen und die teutonisch-gotischen Stämme, welche die Kelten möglicherweise in ihrer Rolle als großer nördlicher Widerpart der klassischen Zivilisation ablösten. Obwohl sie von Pytheas, dem bedeutenden griechischen Reisenden und Geographen um 300 vor Christus, erwähnt werden, übten sie wohl keinen entscheidenden Einfluß auf den Verlauf der Geschichte aus, bis sie wie die Cimbrer und Teutonen nach Italien kamen und von Marius gegen Ende des zweiten Jahrhunderts besiegt wurden. Die griechischen Geographen vor Pytheas ordneten die Gebiete, in denen später Germanen lebten, verschiedenen keltischen Stämmen zu.

Einige Gelehrte mutmaßen hingegen, daß die Germanen der Zeit gemeinsam mit bestimmten gallischen und irischen Stämmen in politischer Abhängigkeit unter keltischer Vorherrschaft lebten. Der keltische Einfluß innerhalb der nachfolgenden Entwicklung germanischer Völker ist vor allem an Wörtern erkennbar, die keltischen und teutonischen Ursprungs sind und hauptsächlich mit den Bereichen von Regierung, Krieg und Gesetz zusammenhängen. Die folgende Liste wurde von Rolleston zusammengestellt und stimmt mit Jubainville überein:

reich; amt; reiks (König); bann (Befehl); frie (frei); geisel; erbe; werthe (Werte); wini (Frau, althochdeutsch); skalks, schalk (beides Sklave); hathu (Schlacht); helith, held (beides Held, selben Ursprungs wie das Wort Kelte); heer; sieg; beaute (Beute); burg, und viele mehr.[1]

Die etymologische Herkunft dieser und anderer Wörter zeigt deutliche Verbindungen zwischen dem heutigen Wortschatz europäischer Sprachen und ihrer Urform, der primitiven indoeuropäischen Mundart, auf. Die Beziehung zwischen den frühen keltischen Völkern und den germanischen Stämmen ist es von daher wert, genauer hinterfragt zu werden – auch im Hinblick auf ein späteres Kapitel, in dem die okkulten Bedeutungen der Volksmythologie untersucht werden, beispielsweise der Edda.

Da gerade die Rede von den frühesten Verbindungen zwischen der keltischen Mundart und der Sprache im heutigen Nordindien ist, kommt mir eine Geschichte in den Sinn, die mir ein ehemaliger Offizier der indischen Armee in London erzählte: Einige walisisch sprechende Rekruten wurden zu einer Einheit unweit der nördlichen Grenze versetzt. Ihr Englisch ließ einiges zu wünschen übrig, und so stellte sich das Problem, auf welche Weise sie sich den Einwohnern verständlich machen sollten. Eines Tages, als man sich gemeinsam auf walisisch unterhielt, gesellte sich einer der einheimischen indischen Jungen dazu und meinte, daß er von ihrem Gespräch mehr verstünde als vom schroffen englischen Akzent der Offiziere. Es erwies sich, daß beide Sprachen vieles gemeinsam haben.

Kehren wir zu den alten Kelten zurück, die es anscheinend nicht schafften, den unterworfenen germanischen Stämmen den Stempel ihrer Sprache und Religion aufzudrücken. Es war zweifellos dieser innere, verborgene Völkerstolz, der zum letzten Aufstand der Germanen und damit auch zum Umsturz der keltischen Vorherrschaft führte. Obwohl germanische und keltische Götter verschiedene Namen tragen, stehen sie doch für ähnliche Prinzipien. Die Völker nahmen sich schon immer die Freiheit, den Namen Gottes selber zu bestimmen. Auch die Beerdigungsriten beider Völker sind verschieden.

Irland wurde von den römischen Legionen weder betreten noch erobert und konnte seine kulturelle Unabhängigkeit bis zum Ende des zwölften Jahrhunderts bewahren. So blieb in dieser langen Zeit auch der keltische Einfluß ungebrochen. In Irland kann man noch Institutionen, Kunst und Literatur der Kelten sowie die ältesten Rudimente ihrer Sprache finden. Viele Forscher teilen die Ansicht, daß die irische Mundart der ursprünglichen keltischen Sprache in höherem Maße verwandt ist als die walisische. Von den gälischen Kelten heißt es, daß sie die ersten ihres Volkes waren, die jene Inseln bevölkerten. Später wurden sie in den äußersten Westen Irlands zurückgedrängt und pflegten die ältere Aussprache des »P«, was sich im Verlauf des sechsten Jahrhunderts vor Christus dann langsam änderte. So ist es anhand einer Studie irischer und walisischer Wörter möglich, frühere Invasionen von späteren keltischen Einwanderungen zu unterscheiden. Die beiden bekanntesten Fakten über die Kelten während der Zeit ihrer Vorherrschaft sind ihre Vorliebe für die Kriegskunst und die treffende Charakterisierung »rem militarem et argute loqui«.[2]

Das meiste, was sich in den geläufigen Geschichtswerken über Mentalität und Religion der Kelten findet, geht auf römische Quellen zurück. Insbesondere Cäsar verfaßte eine gewissenhafte und sehr kritische Studie über Brauchtum, Charakter und Glauben der Kelten, als er ihnen in Gallien entgegentrat. Er beschreibt sie als kampflustig, fügt aber hinzu, daß sie sich schnell von Niederlagen demoralisieren ließen. Als äußerst abergläubisches Volk konsultierten sie ihre Druiden in allen privaten und öffentlichen Angelegenheiten. Der Ausschluß von religiösen und kultischen Veranstaltungen stellte die schlimmste Strafe dar:

Jene, die ausgeschlossen wurden (weil sie sich einem Befehl der Druiden widersetzten), zählten von da an zu den Schändlichen und Gottlosen; jedermann meidet das Gespräch und den Umgang mit ihnen, aus Angst, selber von dem verderblichen Einfluß angesteckt zu werden. Es wird ihnen nicht gestattet, Rechtsklage zu erheben, und man hütet sich, ihnen ein Amt anzuvertrauen. ... Die Druiden sind vom Heerdienst freigestellt und zahlen auch keine Steuern wie die anderen. ... Durch solche Begünstigungen ermutigt, kommen viele aus freien Stücken zu ihren Schulen oder werden von Freunden und Verwandten dort hingeschickt. Man sagt, daß sie dort eine große Anzahl von Versen auswendig lernen. Bei einigen erstreckt sich der Unterricht über zwanzig Jahre. Es ist auch nicht rechtmäßig, diese Dinge (die Lehren der Druiden) niederzuschreiben, obwohl sich die Priesterschaft in allen öffentlichen und privaten Angelegenheiten der griechischen Schrift bedient.[3]

Unter den heutigen Wissenschaftlern, darunter besonders Isabel Hill Elder, kritisiert man die Darstellung aus dem Blickwinkel der Römer mitunter heftig. Sie wird als zerstörerische Propaganda interpretiert, mit dem Ziel, die keltische Kultur in den Augen der damals zivilisierten Welt herabzusetzen. Dieses trifft natürlich für rivalisierende Nationen aller Zeiten zu.

Man berichtet von den gallischen Kelten, daß sie versessen auf Neuigkeiten aller Art waren. Kaufleute und Reisende wurden belagert und sofort ins Gespräch gezogen, um Nachrichten zu erfahren. Diese Eigenschaft wurde später von Edmund Spenser bestätigt, der von den Iren berichtet, daß sie sich »für gewöhnlich immer nach Neuigkeiten erkundigen, und wenn man sich trifft, so lautet das zweite Wort stets: Was gibt es Neues?«[4] – ein Merkmal keltischer Mentalität, das sich über die Jahrhunderte hinweg vererbt hat.

Obwohl die Römer offensichtlich viele Aspekte des keltischen Glaubens und Charakters herabwürdigten, so respektierten sie mit Sicherheit deren Mut, Disziplin, Stärke und Einfallsreichtum im Kampf. Aus der Kampfmoral schöpfte der keltische Krieger seine Energie, aber am Tag der Niederlage flossen Tränen.

Der Geograph und Reisende Strabo, der im Jahre 24 n. Chr. starb, hinterließ eine Fülle von Informationen über die Kelten. Er beobachtete, daß ihre Heimat, in diesem Fall Gallien, dicht besiedelt und vorbildlich bestellt war. Mit den natürlichen Ressourcen ging man vorsichtig um. Die Frauen gebaren zahlreiche Kinder und waren vorbildliche Mütter. Über die Männer schreibt er, daß sie kriegerisch, eloquent, tapfer und jähzornig waren, auf der anderen Seite aber auch verschwenderisch großzügig und offenherzig sein konnten. Ihr Kulturbewußtsein veranlaßte sie, in allen Städten Schulen zu gründen. Als altes Reitervolk fochten sie besser zu Pferde als zu Fuß und bildeten den Stolz der römischen Kavallerie. Ihre Häuser, aus Holzbalken errichtet, waren großzügig angelegt, mit Lehm oder Kalk verputzt und dicken Strohdächern bedeckt. Die massiven Steinmauern, welche ihre Städte umgaben, erregten die besondere Aufmerksamkeit Cäsars. Er und Strabo berichten auch vom streng organisierten Klassensystem der keltischen Gesellschaft. Dieses soziale Rollenbewußtsein machte sich nicht zuletzt im scharfen Abtrennungsbedürfnis der wahren Kelten von denjenigen Völkern deutlich, die unter ihrer Vorherrschaft lebten. Etwas ist in bezug auf die weiteren Kapitel dieses Buches besonders interessant: Cäsar erwähnt den Glauben der Druiden an die Unsterblichkeit der menschlichen Seele. Strabo fügt dem hinzu, daß die Kelten von der Unzerstörbarkeit und göttlichen Unendlichkeit des Universums überzeugt waren. Ein recht fortschrittliches Weltbild, gemessen an der römischen Einschätzung dieser »barbarischen« Rasse!

In einem früheren Kapitel haben wir bereits die Berichte von Polybius und Diodorus Siculus in Betracht gezogen: Mammanius Marcellinus hat jedoch noch einiges hinzuzufügen. Er teilt zwar die Beobachtungen der anderen, was die Offenheit und Statur der Kelten betrifft, erwähnt aber noch eigens die Körperstärke ihrer Frauen, welche ihren Männern in bezug auf Mut und Unabhängigkeit durchaus ebenbürtig waren. Die Sagen erzählen von der grimmigen Maeve, Grania, Findabair und Deidre.

Man muß sich fragen, warum die Kelten trotz ihrer streng organisierten Gesellschaft, ihrem offensichtlichen Talent für Musik und Dichtkunst, einem beachtlichen zivilisatorischen Niveau und hochentwickelter Kriegskunst später weniger kultivierten Gegnern unterlagen. Die Römer sahen die Wurzel des Problems in der keltischen Religion. Die meisten Zivilisationen, die erfolgreiche Eroberungen durchgeführt hatten und anschließend zu

Machtpositionen aufgestiegen waren, verließen sich zu sehr auf die Stabilität ihrer Herrschaft. Auch die Kelten lebten in diesem Bewußtsein. Zusätzlich gab es noch die einende Kraft in ihrer Gesellschaft, welche ihr öffentlich-politisches Verständnis bestimmte und hinter den meisten klassischen Nationen stand: die Organisation der Priester. Die Druiden bildeten die führende Schicht, eine Tatsache, die von römischen und irischen Quellen übereinstimmend festgehalten wird. Alle staatlichen Angelegenheiten wurden von ihnen mit eiserner Hand überwacht. Die Priester bezogen ihre Autorität aus übernatürlichen Sanktionen, was in den Augen der materialistischeren Römer letztlich für den Untergang der Kelten verantwortlich war. Ob die zeitweilige Vorherrschaft einer Priesterkaste tatsächlich zum politischen Scheitern führte, muß im Licht neuerer Ereignisse überprüft werden. Heutzutage sehen wir uns mit einer Situation konfrontiert, in der das Gleichgewicht der Weltmächte zum Großteil in den Händen religiöser oder politischer Fanatiker liegt, und man kann darüber nachdenken, wie Cäsar wohl gehandelt hätte.

1. Rolleston, T. W., *Myths and Legends of the Celtic Race,* S. 31 f.
2. Ebd., S. 37.
3. Ebd., S. 37.
4. Ebd., S. 37.

3. Mythologische Quellen aus Irland

Es gehörte zur Lehre der frühen Druiden, ihre heiligsten Wahrheiten niemals schriftlich festzuhalten. So ist man im Gegensatz zu anderen Völkern der Frühzeit, deren Mythen gut analysiert und dokumentiert werden konnten, auf Vermutungen angewiesen. Einige hilfreiche Informationen kann man aus den Legenden jener Länder entnehmen, in denen ihr Einfluß am stärksten war.

Innerhalb der alten irischen Schriften stellen die Erzähler der Sagen und Abenteuer die alte, mündliche und geheime Kosmologie in einen irischen Rahmen, und so lieferten sie einige der wertvollsten Verständnishilfen in bezug auf die keltische und vorkeltische Mythologie. Da ihnen in diesem Buch nur begrenzter Raum gewidmet ist, sehe ich mich gezwungen, diese Erzählungen in geraffter Form vorzustellen. Die irischen Mythen und Sagen lassen sich in vier Hauptzyklen unterteilen:

- Den mythologischen Zyklus oder den Zyklus der Einwanderungen.
- Den ultonischen oder conorischen Zyklus.
- Den ossianischen Zyklus.
- Eine Sammlung von gemischten Erzählungen und Legenden, die verschiedenen historischen Perioden oder religiösen Weltbildern zugeordnet werden können.

Der mythologische Zyklus interessiert uns hierbei besonders, da er dem Okkultisten die Möglichkeit bietet, zwischen den Zeilen zu lesen und so zu einigen Schlußfolgerungen über das »verborgene« Wissen der keltischen Druiden zu gelangen. Während wir die tieferen metaphysischen Aspekte später behandeln werden, stellen diese frühesten Quellen einen geeigneten Ausgangspunkt für Vermutungen und Analysen dar.

Der mythologische Zyklus enthält folgende Teile:

- Partholans Ankunft in Irland.
- Nemeds Ankunft.
- Die Einwanderung der Firbolgs.

- Die Ankunft der Tuatha de Dannans oder des Volkes von Dana.
- Die milesianische Invasion und die anschließende Vertreibung des Volkes von Dana.

Von der Zeit der Milesianer an gibt uns die anerkannte Geschichtsschreibung Auskünfte: Die Söhne Mileds stellen die bekanntere keltische Linie dar, von der die herrschenden Familien Irlands vorgeblich abstammen. Das Volk von Dana wird als göttliches oder übernatürliches verehrt, während die Identität der früheren Einwanderer im dunkeln bleibt und nur Anlaß zu Spekulationen bietet.

Cäsar berichtet, daß die Kelten glaubten, vom Gott der Unterwelt abzustammen. Von Partholan, dem ersten Besucher Irlands, sagt man, daß er aus dem »Land der glücklichen Toten« gekommen sei, dem irischen Märchenreich des Westens. Partholans Königin war Dealgnaid (Dalny ausgesprochen). Das Paar wurde von Weggenossen beider Geschlechter begleitet. Aus der Legende kann man auch schließen, daß das damalige Irland geographisch anders aussah als heute: Es gab drei Seen, neun Flüsse und eine große Ebene. Während der Herrschaft Partholans veränderte es sich. Ein neuentstandener See wurde Rury genannt, und es wird berichtet, daß sich die Wassermassen über dem Grab von Partholans gleichnamigem Sohn schlossen.

Das Volk Partholans erreichte jedoch keine menschenleeren Gefilde. Irland war bereits von einem fremden und wilden Volk bewohnt, das man die Formorianer nannte. Hochgewachsen, grausam und gewalttätig, glaubten viele von ihm, daß es die Personifikation der bösen Mächte selber sei. Einer von ihnen hieß Cenchos, was »der Fußlose« bedeutet. Partholan kämpfte mit den Formorianern um die Herrschaft über Irland und drängte sie möglicherweise an das nördliche Meer zurück, wo sie dann von Zeit zu Zeit spätere Siedler behelligten. Möglicherweise wurde Partholans Volk von einer Seuche dahingerafft, die auf geologische Veränderungen zurückzuführen ist.

Von dieser Zeit an gibt es über das Volk von Partholan und die Formorianer weder mündliche noch schriftliche Berichte. Wie gelangten die Iren zur Kenntnis dieser Geschichte? Sie wird in einer Reihe schriftlich festgehaltener Legenden übermittelt, die man »The Book of the Dun Cow« nennt. Das früheste Manuskript kann man auf 1199 n. Chr. datieren. Es trägt den Titel »The Legend of Tuan macCarell«. Die Erzählung handelt von folgendem:

St. Finnen, ein irischer Abt aus dem sechsten Jahrhundert, suchte die Gastfreundschaft eines Führers mit dem Namen Tuan macCarell auf, welcher nahe dem heiligen Kloster bei Moville in der Grafschaft Donegal lebte. Tuan verweigerte sie ihm, worauf der gute Mann den Entschluß faßte, einen ganzen Tag vor der Türschwelle des Führers zu fasten. Gemäß dem irischen Glauben jener Zeit, kam dieser Handlung eine magische Wirkung zu, die nur für den Fall abgewendet werden konnte, daß die andere Person ebenfalls fastete. Der bärbeißige Krieger öffnete seine Tür, und es entwickelte sich eine herzliche Beziehung zwischen den beiden Männern. Tuan erwiderte später den Besuch des Heiligen. Bei dieser Gelegenheit erkundigten sich die Mönche nach Tuans Namen und Abstammung, und seine Antwort versetzte sie in Erstaunen: »Mein Name ist Tuan«, teilte er ihnen mit. »Ich bin der Sohn von Starn und Sera, und mein Vater Starn war der Bruder Partholans.«

»Wenn dem so ist, dann berichte uns die Geschichte Irlands«, erwiderte Finnen, und so begann die Erzählung.

Tuan allein überlebte die besagte Seuche, »denn es gibt kein Unglück, das nicht wenigstens ein Mann überlebt, um die Geschichte weiterzugeben«. Zweiundzwanzig Jahre lang durchwanderte er das verwüstete Land, von einer verlassenen Heimstatt oder Festung zur anderen, bis ihn das Alter einholte.

Dann nahm Nemed, der Sohn Agnomans, Besitz von Irland. Er war der Bruder meines Vaters. Ich sah ihn von den Klippen aus und mied die Begegnung mit ihm. Meine Haare waren lang, ich war nackt, verwildert, altersschwach und elend. Eines Abends schlief ich ein, und als ich am nächsten Tag erwachte, sah ich mich in einen Hirschen verzaubert. Ich war wieder jung und frohen Herzens. Dann sang ich von Nemed, seinem Volk und meiner Verwandlung und nahm eine neue Gestalt mit einer groben und rauhen Haut an. Vor kurzer Zeit war ich noch schwach und hilflos, nun sind die Freude und der Sieg mein.[1]

Weiterhin berichtet die Sage, daß Tuan der König aller Hirsche Irlands wurde und so lange blieb, wie die Tage des Volkes von Nemed zählten.

Nemed und sein Volk waren in einer Flotte von zweiunddreißig Schiffen mit je dreißig Leuten nach Irland gesegelt. Ungünstige Witterung hatte die Boote jedoch vom Kurs abgebracht, und so folgte eine eineinhalb Jahre andauernde Irrfahrt in fremden Gewässern. Die meisten Menschen starben während dieser Zeit an Entkräftung, Hunger oder Durst. Nur neun überlebten, unter ihnen vier Männer, vier Frauen und Nemed selber. Sie landeten in Irland und wuchsen im Laufe der Zeit zu einem Volk von achttausendsechzig Männern und Frauen an. Dann kamen auch sie auf mysteriöse Art und Weise um.

Noch einmal holte das Alter Tuan ein, und eine zweite Verwandlung geschah mit ihm. »Ich erinnere mich, daß ich am Eingang meiner Höhle stand und mein Körper eine andere Gestalt annahm – die eines wilden Keilers.« Bevor er die Sprache wieder auf die Geschichte Irlands brachte, setzte Tuan die Erzählung mit der Schilderung seiner neugefundenen Jugend fort. Semion, der Sohn Stariats, von dem die Firbolgs und zwei andere Stämme der Frühzeit abstammten, ließ sich in Irland nieder. Der nochmals gealterte Tuan erschien und verwandelte sich diesmal in einen Seeadler, in dessen Gestalt er wieder Jugend und Stärke zurückgewann.

Seine nächste Geschichte betrifft das Volk von Dana, »von dem die Gelehrtheit aller Iren herrührt«. Diesem folgten wiederum die Milesianer oder die Söhne von

Miled, welche von den Forschern mit den gälischen Druiden gleichgesetzt werden. Tuan lebte während dieser Periode als Seeadler, bis er eines Tages eine neue Verwandlung herannahen fühlte. Er fastete neun Tage lang, dann »überkam mich ein tiefer Schlaf, und ich verwandelte mich in einen Lachs«. In seinem neuen Leben blieb er von den Netzen der Fischer verschont, bis er gefangen wurde und zu Carell, dem Herrscher des Landes, gebracht wurde. Dessen Frau hatte eine besondere Vorliebe für Lachse. Sie aß ihn ganz alleine auf, wie Tuan berichtete, und er gelangte auf diese Weise in ihren Schoß. So geschah es, daß Tuan, der Sohn von Carell, in menschlicher Gestalt wiedergeboren wurde.

Hier kann man Spuren der walisischen Sage erkennen, in der die Verwandlung ebenfalls eine große Rolle spielt, aber im Bannkreis der Magie kommen solche Dinge häufig vor, wie wir weiterhin sehen werden. Wir können daraus den keltischen Glauben an Dinge wie Reinkarnation und Seelenwanderung erschließen, die in den Augen der Kelten nicht nur die Menschen betrafen.

So endet die Erzählung Tuans. Sie verlangt nach Erklärungen. Tuan zufolge gehörten die Leute Nemeds und Partholans ein und demselben Volk an, von dem eine Gruppe nur wenig früher einwanderte. Irische Christen bemühten sich später, das Volk von Nemed mit biblischen Patriarchen aus Spanien oder Scythia gleichzusetzen. Wahrscheinlicher ist jedoch, daß es sich um eine Horde von Flüchtlingen handelte, die aufgrund von Erdbeben dieselben Gebiete wie das Volk Partholans verließ. Was die Formorianer betrifft, so gibt es keine Berichte über ihre Ankunft in Irland. Wir müssen also folgende Möglichkeiten in Betracht ziehen: (a) Sie bildeten die Ureinwohner dieses Landes, oder (b) sie repräsentierten die Naturgewalten, welche vor und nach der biblischen Sintflut tobten.

Die Firbolgs sind leichter zu identifizieren. Ihr Name bedeutet wahrscheinlich »Männer der Taschen«, und man stellte verschiedene Spekulationen an, was diese Bezeichnung bedeuten könnte. Nennius war der Meinung, daß sie ebenso wie ihre Vorfahren aus Gebieten im heutigen Spanien kamen, andere bezeichnen sie als gälische Kelten aus Südeuropa, die nordwärts zu den Meeren wanderten, wahrscheinlich um feindlichen Stämmen auszuweichen.

Zweifellos sind die Leute von Dana, oder »das Volk des Gottes, dessen Mutter Dana ist«, die interessantesten Pioniere der Küsten Irlands. Die interessanteste Persönlichkeit unter ihnen war Brigid. Diese Göttin war den Iren so ans Herz gewachsen, daß sie später als heilige Brigid auch von der christlichen Kirche akzeptiert wurde. In gallischen Schriften erscheint sie auch als »Brigindo«, in Britannien wurde sie »Brigantia« genannt. Sie war die Tochter des erhabenen Hauptes des Volkes von Dana, Dagda dem Guten. Einigen Quellen zufolge hatte Brigid drei Söhne, welche jeweils für drei Teile einer Sache standen, die als Ecne bekannt war – »Wissen« oder »Dichtung«. Andere Forscher ordnen sie wiederum Dana zu. Es ist interessant zu beobachten, daß sie in den irischen Legenden nicht als Unsterbliche vorkommen, obwohl Tuan macCarell sie als Götter auf das Volk von Dana bezieht. Die Christen erklärten sie später als pantheistische Erscheinungen oder identifizierten sie mit den gefallenen Engeln der Bibel. In noch späteren Legenden werden sie schließlich mit gewissen übernatürlichen, märchenhaften Kräften gleichgesetzt, etwa den Tugenden des Lichtes, der Weisheit und des Wissens.

Die verschiedenen Völker der Vorzeit interpretierten die mythische Bedeutung des Volkes von Dana jeweils anders. Für die Druiden stellte es die Götter der Wissenschaft und Dichtung dar, während es im megalithischen Konzept die Geister der Fruchtbarkeit repräsentierte, die den Hügeln, Strömen, Steinen und anderen natürlichen Behausungen innewohnten. Obwohl Tuan zufolge das Volks von Dana vom Himmel herabstieg, betont die spätere Erzähltradition, daß sein Ursprung in einer der vier Städte zu suchen sei, deren Namen für Abenteuer und Mysterium stehen: Falias, Gorias, Finias und Murias. Dort wurden von den großen Weisen, Meistern ihres Faches, die verschiedenen

Wissenschaften unterrichtet, und jede Stadt war im Besitz eines magischen Schatzes.

Aus Falias kam der Lia Fail oder Stein des Schicksals, auf dem die hohen Könige Irlands gekrönt wurden. Die Legende berichtet, daß ein Donnern zu hören war, wenn ein würdiger Monarch für das Amt des Königs ausersehen wurde. Tatsächlich existierte ein derartiger Stein in Tara, wurde aber vermutlich zu Beginn des sechsten Jahrhunderts, anläßlich der Krönung von Fergus dem Großen, nach Schottland transportiert. Laut einer alten Prophezeiung herrscht überall dort ein König der irisch-milesianischen Linie, wo sich der Stein gerade befindet. Wir erfahren auch, daß es derselbe Stein von Scone ist, der niemals nach Irland zurückfand und heute als Krönungsstein in Westminster Abbey zu finden ist. Fast scheint es, daß sich die Prophezeiung bewahrheitet hat, denn der Stammbaum der britischen Regentenfamilie geht auf die alten Könige der Milesianer oder Kelten zurück.

Daß der Krönungsstein mit dem Stein von Tara identisch sein soll, ist aber sehr unwahrscheinlich. Jahrelang zirkulierten Gerüchte in der okkulten Welt, daß sich der alte magische Stein schon lange in den Händen einiger Auserwählter befände, deren Pflicht darin bestehe, ihn vor Mißbrauch in königlichen Kreisen zu bewahren. Ich befragte persönlich mehr als einen schottischen Okkultisten, und alle versicherten mir, daß man den Stein niemals über die südliche Landesgrenze geschafft habe, während irische Altertumsforscher darauf bestehen, er habe seinen angestammten Platz in Tara nie verlassen.

Das unbesiegbare Schwert Lughs mit dem langen Arm aus der Stadt Gorias stellte den zweiten Schatz dar. Aus Finias kam der magische Speer und aus Murias die Cauldron von Dagda, ein füllhornartiges Gefäß, aus dem man Proviant für eine ganze Armee schöpfen konnte und das dennoch immer bis zum Rand gefüllt blieb.

Mit diesen Gaben versehen, kam das Volk von Dana auf außergewöhnliche Weise in Irland an, denn es wurde »auf einer Wolke in das magische Land getragen«, und erschien so erstmals im westlichen Connaught. Nachdem die Wolke weggezogen war, erblickten die Leute von Firbolg ein befestigtes Lager. Sie entsandten sofort einen Krieger namens Streng, der mit Bres, dem Sprecher des Volkes von Dana, Unterredung hielt. Beide Seiten tauschten Informationen aus, wobei man mit besonderem Interesse die verschiedenen Waffen begutachtete. Im Vergleich zu denen der Firbolgs waren die Waffen des Volkes von Dana leichter und feiner gearbeitet. Vielleicht wollte der Erzähler dieser Legende damit den Unterschied zwischen roher Gewalt und der Kraft des Wissens herausstellen.

Obwohl sich die Leute von Dana auf einem weit höheren Entwicklungsstand befanden, waren die Firbolgs von ihrer Tapferkeit nicht überzeugt, und so forderten die Ankömmlinge sie zu einer Schlacht auf der Ebene von Moytura in der Grafschaft Mayo heraus. Die Firbolgs wurden von ihrem König mac Erec angeführt, an der Spitze des Volkes von Dana stand Nuada, die silberne Hand, der seinen Namen in dieser Schlacht bekam. Während des Kampfes trennte ihm ein Gegner die Hand ab, und einer der vielen Kunsthandwerker formte für ihn einen künstlichen Ersatz aus Silber, der den verlorenen Körperteil vollwertig ersetzte. Aufgrund seiner überlegenen Heilmittelkunst und Magie siegte das Volk von Dana. Der gegnerische König wurde getötet. Seinem Volk teilte man die Provinz von Connaught als Gebiet zu, während die Sieger vom restlichen Irland Besitz nahmen. Erst im späten siebzehnten Jahrhundert entdeckten irische Gelehrte, daß viele Einwohner von Connaught Kenntnis von mündlichen Überlieferungen hatten, die sie als Nachfahren der Firbolgs auswiesen. Dies läßt vermuten, daß die alten Sagen durchaus auf historischen Ereignissen basieren.   Man kann mit der Geschichte des Volkes von Dana nicht fortfahren, ohne kurz seine Identität zu klären und zurückzuverfolgen, woher es kam. Mit Sicherheit nicht aus Europa, denn die Inschriften auf ihren Waffen und andere Merkmale stimmen nicht mit denen anderer Einwanderer überein. Es gibt zwei Hypothesen, was seine Herkunft betrifft:

1. Der Name »Dana« hängt mit Danube zusammen. Daher stellte dieses Volk eine Gruppe keltischer Einwanderer dar, die sich aus einer hochentwickelten Priesterkaste zusammensetzte, aus Nordindien kam und ihr Wissen über die Jahrhunderte hinweg bis nach Irland brachte.
2. Die Leute von Dana waren Überlebende der Flutkatastrophe von Atlantis. Es gibt jedoch kaum gesicherte Erkenntnisse über seine wahre Herkunft.

Fahren wir mit der Sage fort. Nuada war Bres untergeordnet, einem Mann von suspekter Herkunft, dessen Stammbaum zur einen Hälfte auf das Volk von Dana und zur anderen auf irische Vorfahren zurückging. Von seiner Persönlichkeit her war er des Königsamtes nicht würdig, und seine Entthronung liefert in bezug auf die Magie der Kelten einige interessante Gesichtspunkte. Eines Tages stattete ihm der Dichter Corpry einen Besuch ab und wurde in einem kleinen, dunklen und ungeheizten Zimmer untergebracht. Nach langem Warten brachte man ihm drei trokkene Kuchen, aber nichts zu trinken. Mangelnde Großzügigkeit und fehlende Gastfreundschaft waren die verwerflichsten Untugenden im Irland dieser Tage, und so rächte sich Corpry, indem er folgenden magischen Vierzeiler satirischen Inhalts verfaßte:

Ohne Mahlzeit, die schnell gereicht wäre,
Ohne Kuhmilch, mit der das Kalb wachsen kann,
Ohne bequeme Wohnstatt für einen Mann, der unter düsterem Licht verweilen muß,
Ohne Mittel, um sich die Gesellschaft eines Barden zu leisten,
So soll Bres fortan leben.[2]

Man glaubte von dieser Art poetischer Satire, daß sie große magische Wirkung besäße. Könige fürchteten sie, und selbst Tiere blieben von ihrer Macht nicht verschont. Im ganzen Land wiederholten die Menschen vergnügt Cor-

prys Verse, und Bres sah sich gezwungen abzutreten. Nua-
das Hand wurde von Diancecht oder, wie einige annehmen, vom Sohn dieses großen Heilers auf wunderbare
Weise wiederhergestellt (wobei »Diancecht« wohl mehr
einen Titel als einen Eigennamen bezeichnete). Eine Überlieferung berichtet, daß eine neue Hand aus der abgetrennten wuchs, aber eine glaubwürdigere Version lautet, daß
Nuada den verstümmelten Arm ausreichend zu gebrauchen lernte, um in der Schlacht seinen Mann zu stehen.

Bres wandte sich hingegen in seinem Unglück an die
Mutter, um zu erfahren, wer sein wirklicher Vater war. Sie
vertraute ihm an, daß er von Elatha, dem König der Formorianer, abstamme, der über das Meer gekommen war,
um sie heimlich zu besuchen. Aus dieser Zusammenkunft
stammte Bres ab. Die Geschichte wird zu ausführlich berichtet, um sie in allen Details wiederzugeben. Es soll an
dieser Stelle genügen, daß die Rückkehr Bres' zu seinem
leiblichen Vater und ein Aufstand der Formorianer folgten.
Nuada war schließlich nicht mehr in der Lage, diesem primitiven, barbarischen Volk weiteren Widerstand zu leisten.

Nun erscheint Lugh, der Sohn des Kian (oder Cian),
welcher später zum obersten Sonnengott aller Kelten wird,
nicht nur in der irischen Mythologie, wie wir sehen werden. Er wurde im keltischen Europa ebenso wie auf den
Britischen Inseln als höchste solare Macht anerkannt. Mit
Lugh erschien eine ganze Linie keltischer Gottheiten, darunter Ogma und Goban, der Schmied, ein großer Handwerker und Waffenmeister der irischen Mythologie, etwa
dem Wayland der Teutonen, dem griechischen Hephaestus
oder ägyptischen Ptah vergleichbar.

Lugh nahm als Führer des Volkes von Dana möglicherweise die Stelle Nuadas ein, was eine Veränderung der keltischen Religion bedeutete, welche die esoterische, aber
auch die allgemeine Glaubenshaltung der Iren während
der folgenden Dekaden nachhaltig beeinflußte.

Das »Buch der Einwanderungen« liefert auch interessante Hinweise über die Fähigkeit des Volkes von Dana,
Kräfte durch Musik und Töne freizusetzen. Die Formoria-

ner entführten einst den Harfenspieler der Dagda, um ihn gefangenzuhalten. Lugh, die Dagda und Ogma folgten ihnen und drangen heimlich in die Speisehalle der Formorianer ein, wo man die Harfe als Trophäe an die Wand gehängt hatte. Sie riefen das Instrument mit einer magischen Formel an, worauf es sich direkt in ihre Hände begab und auf dem Weg neun Formorianer tötete. Okkultisten und Wissenschaftler diskutierten jahrhundertelang über die Bedeutung dieser fremdartigen Formel. Man kann aus ihr einige Rückschlüsse auf die Herkunft dieses Volkes ziehen.

Komm, Raunen, süß wie ein Apfel, ruft er, komm, vierwinkliger Rahmen, erfüllt mit Harmonie, komm, Sommer, komm, Winter, aus den Tönen der Harfen und Flöten.[3]

Die Anrufung von Sommer und Winter ist typisch für den indianischen Brauch, den verschiedenen Jahres- oder Tageszeiten bestimmte musikalische Formen zuzuordnen. Auch in ägyptischen Überlieferungen heißt es, daß die dreisaitige Harfe Frühjahr, Sommer und Winter symbolisiert. Die alten Iren teilten das Jahr offensichtlich in drei Abschnitte, denn Sommer und Herbst bildeten eine Jahreszeit.

Nach der Rückeroberung der Harfe spielte das Volk von Dana »drei edle Weisen«, deren Geheimnisse den magischen Harfenisten vertraut waren: die Melodie der Klage, die des Lachens und die des Schlafes. Die magische Kraft der Musik stand im Dienste einer Zügelung der Emotionen und war insofern auch Herrschaftsmittel – eine Eigenschaft, die in der modernen Psychologie neue Bestätigung findet. Verschiedene Arten von Musik rufen bekanntermaßen auch verschiedene Stimmungen hervor und können in den Dienst der Hypnose und sogar der Beeinflussung ganzer Menschenmassen gestellt werden.

Die Harfe der Dagda geht auch auf das ägyptische Sistrum zurück, dessen vier Saiten ursprünglich nach den Tönen der vier königlichen Elemente gestimmt wurden

(Erde, Wasser, Feuer und Luft). Spätere Versionen des Sistrums, wie man sie gegen Ende der ägyptischen Dynastien kannte, als die alte Bedeutung schon lange vergessen war, waren nur noch dreisaitig bespannt, stellvertretend für die drei Jahreszeiten.

Auf die magische Bedeutung der Götter des Volkes von Dana werde ich später zu sprechen kommen. Soweit sie sich aus dem »Buch der Einwanderungen« erschließen läßt, fahren wir in der Geschichte der Kelten an dem Zeitpunkt fort, als die Milesianer Irlands Küsten erreichten (vermutlich am ersten Mai). Sie werden in den irischen Legenden als das erste echte Volk von Eroberern beschrieben, und sein Ahnenstamm geht auf göttliche keltische Ursprünge zurück.

Die Milesianer waren die Söhne Mileds, dessen Name auf einer keltischen Inschrift ungarischer Herkunft zu lesen ist. Miled war wiederum der Sohn von Bilé, einem der Götter der Unterwelt. Einige Historiker führen ihre Ankunft aus dem »Land der Toten« auf das Ursprungsland Spanien zurück. Robert Graves vertritt jedoch die glaubwürdigere These, daß sie im frühen zweiten Jahrtausend aus Griechenland kamen und während vieler Generationen über den Mittelmeerraum langsam den Weg nach Irland fanden. Nach der griechischen Legende stammen die Milesianer von Miletos, einem Sohn Apollos, ab, der von Kreta nach Karia auswanderte, um dort eine Stadt seines Namens zu gründen.

Nach einem anonymen Geschichtsschreiber des sechsten Jahrhunderts n. Chr., der von Plutarch und Procopius zitiert wird, liegt das »Land der Toten« im äußersten Westen Britanniens, wo es vom Osten durch eine unüberwindbare Mauer abgegrenzt wird. An der nördlichen Küste Galliens lebt ein Volk von Seefahrern, deren Aufgabe darin besteht, die Toten vom Kontinent zu ihrer letzten Bleibe auf den Britischen Inseln zu schiffen. Zweifellos gründen diese und ähnliche Legenden, wie man sie in fast allen Mythen der Frühzeit findet, auf der Atlantissage. Britannien war damals gleichbedeutend mit den »westlichen Inseln«, die ursprünglich die »Inseln von Blest« hießen und das letzte Überbleibsel des »Alten Landes« waren.

Kurz nachdem die Milesianer Irland erreicht hatten, kämpften sie in einer blutigen Schlacht südlich von Tralee gegen das Volk von Dana. Dort wurde auch die Kriegerkönigin Scota getötet und bestattet. Einer anderen Geschichte zufolge überlebte Scota, eine Nachfahrin der alten Ägypter, jedoch und zog nach Schottland, wo sie die Einwohner besiegte und dem Land seinen heutigen Namen gab. Das Volk von Dana zog sich infolge dieser Schlacht jedoch nicht aus Irland zurück, sondern gebrauchte seine magischen Kräfte und umgab sich mit einem Schleier, der unsichtbar macht. Gemäß der Legende bedient es sich zur geeigneten Stunde heute noch dieses Zaubers. Von da an gab es das geographische und das spirituelle Irland. Im spirituellen Reich herrscht das Volk von Dana, das ihnen von den Dagda zugeteilt wurde. Diese märchenhaften Königreiche sind nur für die Augen der Eingeweihten, Weisen oder Unbefleckten sichtbar. Jene, die dort wohnen dürfen, erfreuen sich ewiger Jugend und Schönheit und besuchen zu Zeiten der Liebe oder des Streites manchmal die Sterblichen. In späteren christlichen Epochen war die Erinnerung an sie auf märchenhafte Abenteuergeschichten geschrumpft, und sie wurden zum Volk der Side.

Der Mythos vom Volk von Dana und den Formorianern wird manchmal als ewiger Dualismus zwischen Gut und Böse, Licht und Dunkelheit interpretiert. Das Gefühl der ersteren für Musik und Kunst stand weltweit für das ästhetische Konzept der Druiden. Die mangelnde Sensibilität der barbarischen Formorianer kann so als Ignoranz und Dunkelheit gedeutet werden. In der unvermeidbaren Kollision beider Gegensätze wird der letzte Kampf und Tod für eine freundlichere und aggressionslose Herrschaftsform verbildlicht.

Nach Meinung des Autors ist diese Sage nicht nur allegorisch zu verstehen, obwohl sie im Lauf der Jahrhunderte zweifellos verfälscht wurde. Es gab mit Sicherheit eine

Zeit der Ankunft, eine Frühphase der Kolonisierung, oder was auch immer in der vorzeitlichen Geschichte Irlands stattfand, deren Anfänge leider nie schriftlich festgehalten wurden. Das Volk von Atlantis wie auch die ersten Kelten trugen ihren Teil zu den geheimen magischen Traditionen bei, in deren Kenntnis nur wenige Eingeweihte gelangten.

1. Rolleston, S. 99.
2. Ebd., S. 108.
3. Ebd., S. 118.

4. Die walisische Tradition

Eine kürzlich erschienene Publikation[1] wirft neues Licht auf Herkunft und Tradition des walisischen Volkes. Neben anthropomorphen und linguistischen Untersuchungen enthält sie genaue Auflistungen der Blutgruppen und des genetischen Materials der einheimischen Bevölkerungsgruppen, was für den Versuch, keltische Einflüsse auszumachen, eine große Hilfe bietet.

Die statistische Häufigkeit der Blutgruppen läßt Rückschlüsse auf den Ahnenstamm zu. In der Bevölkerung von Wales kann man in der Hauptsache drei genetische Linien unterscheiden, von denen die älteste auf die westlichen Moorgebiete und prähistorischen Niederlassungen megalithischer Prägung begrenzt ist. Hier kommt vor allem die Blutgruppe B vor, aber ohne bestimmte Charakteristika, die man bei Bevölkerungen der gleichen Blutgruppe im Fernen Osten feststellen kann. Dieses genetische Merkmal stammt also nicht von Einwanderern aus Osteuropa und den angrenzenden asiatischen Ländern, wie gemeinhin vermutet wird.

Träger dieser Blutgruppe kommen deutlich seltener vor als die der Gruppe 0, der man hauptsächlich im zentralen und nördlichen Wales begegnet. Sie wird gemeinhin mit den gälischen Kelten in Beziehung gebracht. Es ist interessant zu beobachten, daß eine ähnliche Häufigkeit im westlichen Kaukasus, auf den Mittelmeerinseln und in verschiedenen Landstrichen Nordafrikas ermittelt wurde – allesamt Gegenden, aus denen der Überlieferung zufolge die Kelten ursprünglich kamen. Erkenntnisse der Anthropologie, Linguistik und Archäologie weisen darauf hin, daß während der Jungsteinzeit eine Völkerwanderung vom östlichen Mittelmeerraum nach Britannien stattfand. Dafür spricht auch, daß der brünette Menschenschlag von Wales mit seiner länglichen Kopfform dem mediterranen Typ und den Berbern ähnlich ist.

Schließlich kommen wir zur Blutgruppe A, die man gehäuft im südlichen Wales und der südlichen Hälfte von

Pembrokeshire, auch als »Little England« bekannt, vorfindet. Sie ist in erster Linie ein genetisches Merkmal der skandinavischen Rassen. So wird von der Wissenschaft auch allgemein angenommen, daß diese Gegend von Wales nicht von plündernden Wikingerhorden besetzt wurde, sondern von friedlichen Siedlern, die mit ihren Frauen, Kindern und Knechten für viele Generationen unter sich lebten, von Einflüssen durch andere Völkerstämme abgeschirmt. Ähnliche Häufigkeiten dieser Blutgruppe findet man auch in Cornwall und Britannien, in Verbindung mit der bretonischen Sprache. Dies stützt die These von den beiden keltischen Hauptwanderungen, wie sie in Kapitel 1 vorgestellt wurde. Die erste wurde möglicherweise von den dunkelhaarigen gälischen Kelten unternommen, die andere von einer Gruppe des helleren bretonischen Typs.

Nach dieser kurzen Abhandlung über die genetische Verbindung zwischen der Bevölkerung von Wales und den alten Kelten wollen wir wieder zu den Überlieferungen zurückkehren.

Die mystische und magische Literatur des britischen Keltentums stellt eine weitere Hauptquelle dar. Sie ist hauptsächlich walisischen Ursprungs und bezieht sich außerdem auf die *Mabinogion,* ein Werk, dessen Herkunft und Inhalt bis heute rätselhaft blieb.

Eine der charakteristischen Eigenschaften des keltischen Volkes war seine Vorliebe für das Erzählen. So wie bei anderen Völkern, die ihre Tradition in der Hauptsache mündlich überlieferten, beherrschten die keltischen Barden ein immenses Repertoire. Sie hielten sich zwar an Thema und Aussage der Erzählungen, hatten aber die Freiheit, nach eigenem Geschmack und auf angemessene Weise auszuschmücken. *Odyssee* und *Ilias* wurden ebenfalls auf diese Weise überliefert, was an der flüssigen Sprache ebenso wie an der geringfügigen Variationsbreite zu erkennen ist. Die charakteristische Freiheit der mündlichen Tradition führte naturgemäß zu einigen Unstimmigkeiten und Verfälschungen.

Die keltischen Geschichtenerzähler entlehnten ihre Themen aus zwei Hauptquellen: den mystischen Volkssagen auf der einen Seite und der Geschichte auf der anderen. Es wird berichtet, daß das Geschichtsbild der Kelten eher von der Erwartung dessen, was der Voraussicht nach geschehen sollte, geprägt war als von den tatsächlichen Ereignissen. So fällt es äußerst schwer, in den *Mabinogion* eine Grenze zwischen Fiktion und historischen Tatsachen zu ziehen. Wie in den Mythen und Legenden anderer früher Zivilisationen, liegen die Quellen derart im dunkeln und sind so fragmentarischer Art, daß genaue Interpretationen und verläßliche historische Rekonstruktionen sehr schwer fallen. Die Kelten verstreuten sich seit der Zeit ihrer frühesten Wanderungen nach Westen. Daher variierten ihre Tempel und Kultstätten naturgemäß je nach geographischer Lage, und es gab verschiedene Namen für ein und dieselben Götter oder Prinzipien. Nimmt man noch pantheistische, römische, gallische und griechische Einflüsse hinzu sowie die Verzerrung durch eine mündliche Überlieferung, die Jahrhunderte währte, so ist das religiöse Weltbild der Kelten zwar vollständig, seine Ursprünge liegen jedoch vollkommen im dunkeln.

Die frühesten schriftlichen Fragmente der *Mabinogion* werden auf das frühe dreizehnte Jahrhundert n. Chr. datiert, und man kann mit Sicherheit annehmen, daß sie im Laufe der Zeit gravierende Veränderungen erfuhren. Ehemalige Götter oder Unsterbliche nahmen später die Gestalt historischer Persönlichkeiten mit menschlichen Eigenschaften an. Die Namen änderten sich von Geschichte zu Geschichte, aber es blieb dennoch eine Konstanz der Dinge gewahrt, für die sie offensichtlich stehen.

Aber auch wenn die *Mabinogion* kein kohärentes Ganzes darstellen, so bieten sie doch reiche Einsichten in die irische Mythenwelt, die keltische Psychologie und nicht zuletzt wertvolle Hinweise auf ein mehr esoterisches, fundamentales Verständnis kosmischer Prinzipien.

Nach dem Stand der Forschung sind die Geschichten der *Mabinogion* in ihrer heutigen Form etwa um 1000 bis 1200 n. Chr. entstanden, aber man stimmt auch überein, daß vorher schon verschiedene mündlich überlieferte Fassungen existierten Das älteste erhaltene Manuskript wird auf 1225 n. Chr. datiert.

Trotz vieler Unstimmigkeiten gelten diese Geschichten als ein literarisches Meisterwerk, dessen Qualitäten seine Mängel weit überwiegen. Spätere Erzählungen, wie die irischen Sagen oder die Sujets aus der griechischen Mythologie, stehen schon etwas außerhalb des ursprünglichen Rahmens. Soweit es möglich ist, werde ich auf sie verzichten, besonders weil sie für die archetypischen oder magischen Themenkreise unwichtig sind.

Die früheste komplett erhaltene Fassung der *Mabinogion* findet sich im *Red Book of Hergest* (1400 n. Chr.). Ein früheres Manuskript, *The White Book of Rhydderch* (1325), ist offensichtlich unvollständig, obwohl es in der Originalfassung wahrscheinlich alle elf Geschichten enthielt. Die *Mabinogion* waren in der walisischen Literatur nicht sehr bekannt, bis Lady Charlotte Guest im Jahre 1849 eine englischsprachige Version veröffentlichte. Sie war es auch, die den Titel auf folgende Weise bestimmte: Jeder der vier Abschnitte schließt mit dem Satz »So endet dieser Teil der Mabinogi«. Da das walisische Wort »mab« die Bedeutung »Junge« hat, schloß Lady Charlotte, daß »mabinogi« ein Substantiv mit der Bedeutung »Geschichte für Kinder« und dem Plural »mabinogion« ist. Das Wort existiert nicht mehr im Walisischen, stammt aber als »mabinogi« ursprünglich aus dieser Sprache, wo es »Bericht aus früheren Zeiten« oder, in bezug auf eine einzelne Person, »Kindheitsjahre« bedeutete. Inzwischen hat es sich eingebürgert, wird allgemein akzeptiert und in diesem Sinne auch hier verwendet.

Die vier Abschnitte, aus denen die *Mabinogion* bestehen, gliedern sich folgendermaßen: Pwyll, König von Dyfed; Bran und Branwen; Math, Sohn des Mathonwy, und Manawyddan, Sohn des Llyr.

Die walisischen Erzählungen entstanden erst später und sind schwerer verständlich als die gälisch-keltischen. Die Taliesin-Sage erscheint beispielsweise in Charlotte Guests

Werk. Sie ist nicht in *The Red Book of Hergest* enthalten, sondern einem Manuskript des späten sechzehnten oder frühen siebzehnten Jahrhunderts entnommen. Die Abenteuer des Barden Taliesin sind ausgesprochen populär und mit der dunklen, aber authentisch magischen Poesie umgeben, welche man dieser mythologischen Figur zuschreibt. Es herrscht wenig Zweifel darüber, daß Taliesin für eine tiefgreifende okkulte Wahrheit steht. Die Kraft und die Bedeutung der Dichtung, die seinen Namen trägt, wird in diesem Buch später besprochen und analysiert werden.

Obwohl es sich nicht mit letzter Sicherheit beweisen läßt, gibt es in walisischen und keltischen Texten viele Parallelen, die auf einen gemeinsamen Ursprung hinweisen. Zu den mythologischen Figuren, die in der gesamten keltischen Kultur auftauchen, gehört der Gott des Himmels Nudd oder Lludd, der verschiedene Erscheinungsformen annehmen kann. In einem Tempel, der bei Lydney in Gloucestershire entdeckt wurde, fand man eine Bronzeplatte mit dem Abbild dieser Gottheit, umgeben von einem Heiligenschein und von Luftgeistern und Meeresgöttern umringt. Hier sind sowohl keltische als auch nautische Merkmale erkennbar, wobei letztere auf vorsintflutliche Zeiten und den Poseidon-Mythos zurückgehen. Ein Epitheton der walisischen Legenden, das »der silbernen Hand zugehörig« bedeutet, wird stellenweise auch auf Nudd bezogen, obwohl sich hierfür in der Sage keine offenkundige Erklärung findet. Dennoch liegt es auf der Hand, daß es sich bei dem walisischen Nudd und dem irischen Nuada um ein und dieselbe Figur handelt. Wir erfahren auch, daß man diesem Gott unter dem Namen Lludd einen Tempel auf dem Grundstück von St. Paul's in London erbaut hatte. Sein Eingang hieß Geoffrey von Monmouth zufolge ursprünglich *Parth Lludd,* was später von den Angelsachsen mit *Ludes Geat* übersetzt wurde und heute als Ludgate bekannt ist.[3]

Bei den walisischen Meeresgöttern Llyr und seinem Sohn Manawyddan kann es sich aller Wahrscheinlichkeit nach um niemand anderen als den irischen Lir und dessen

Sohn Mananan handeln. Interessanterweise war das heutige Leicester, einstmals Llyd-cester genannt, eine Kultstätte zu Ehren des Llyr.

Im dritten Teil der *Mabinogion,* der die Legenden von Math enthält, begegnen wir dem Namen Llew Llaw Gyffes, dessen Übersetzung »Held mit der sicheren Hand« oder, Robert Graves zufolge, »Held mit der ruhigen Hand« lautet. Llews schnelles Heranwachsen von der Kindheit zum Erwachsenenalter geht auf die griechische Herkules- oder Apollosage zurück, kann aber auch ägyptische oder atlantische Wurzeln haben. In seiner hervorragenden Untersuchung »The White Goddess« führt Graves eine Anzahl von Städten auf, die ihren Namen Llew oder Lugh verdanken, etwa Laon, Leyden, Lyon oder Carlisle (Caer Lugubalion). Seine Ansicht über Lughs Abstammung weicht vom allgemein anerkannten Mythos ab. Statt in ihm den Sohn von Balors Tochter Ethlinn (oder Ethne) von Cian (Kian) zu sehen, wird seine Mutter zu Clothru, einer Einzelform der dreigestaltigen Gottheiten Eire, Fodhla und Banbha, was einen klaren Hinweis auf den Sonnenkult gibt, der aus der matriarchalischen Religion entstand und sie möglicherweise weiterentwickelte.[4]

Eine weitere walisische Interpretation bezieht sich auf *Llugh Lamh Fada,* was »mit dem langen Arm« bedeutet. Auf jeden Fall handelt es sich bei beiden Göttern um ein und denselben, und so kann man sich fragen, ob der Geschichte ein historisches Faktum zugrunde liegt oder ob sie letzten Endes rein symbolische Funktionen in einem kosmologischen oder evolutionären Rahmen erfüllt, ähnlich wie in ägyptischen, griechischen oder babylonischen Legenden. In diesem Fall wären die teilhabenden Kräfte als Personifikationen zu verstehen, denen man im Dienste einer verständlicheren Vermittlung menschliche Züge verlieh.

Die beiden großen Häuser oder Familien der walisischen und irischen Mythologie sind leicht in Einklang zu bringen. Dôn, die Gottesmutter, und Beli, dessen Abkommen die Kinder des Lichtes sind, stellen das Äquivalent der gälischen Dana und ihres Mannes Bilé dar, dem irischen Gott des Todes. Ebenso stehen der walisische Lyr und der gälische Lir für dasselbe Prinzip. Einigen Autoritäten auf diesem Gebiet zufolge waren die Götter des Hauses von Lyr keine reinen Unsterblichen, sondern von gemischter Abstammung. Wahrscheinlich kann man in ihnen sogar die Vorläufer jener rätselhaften Figuren erkennen, von denen auch in der Bibel als die »Söhne Gottes und die Töchter von Menschen« die Rede ist. Die Familien von Dôn und Lyr wurden durch die Heirat von Penardon, einer Tochter Dôns, vereint, worin man zweifellos die Vermischung zweier religiöser Weltbilder, wenn nicht sogar Völker oder Kulturen, sehen kann.

Reverend Edward Davies, der seine Schriften vom späten achtzehnten bis zum frühen neunzehnten Jahrhundert verfaßte, war der festen Überzeugung, daß die irische Mythologie schon Hinweise auf die biblische Sintflut und die nachfolgende Ankunft der Überlebenden gibt, welche vom »alten Land« aus im Zug nach Westen diese Küsten erreichten – den Ort, an den sich das keltische Volk in einer Art kollektivem, unterbewußtem Drang immer wieder hingezogen fühlte.[5] Über diese These mag sich der Leser selber eine Meinung bilden.

Die Symbolik des weißen Pferdes wird in Kapitel 8 detaillierter besprochen werden. In ihr kann man die Beziehungen zwischen der gallischen Muttergöttin Epona, Macha von Ulster, Mebh von Connaught und der walisischen Rhiannon verdeutlichen.

Der König Artaius, besser als Artus bekannt und nachträglich als König bezeichnet, taucht in der Mythologie erst später auf. Nicht alle Gelehrten teilen das Bild, welches in diesem Rahmen von ihm vorgestellt wird. Im zweiten Teil des Buches findet sich ein einfacher Stammbaum, der dem Leser eine Vorstellung des mythologischen Hintergrundes und der Archetypen vermitteln wird, wie sie in den *Mabinogion* vorkommen.

Vom unsterblichen Gwyn ap Nudd sagt man, daß er den keltischen Geist nachhaltig anregte und einen dauerhaften

Eindruck in der unterbewußten Vorstellungswelt der Waliser hinterließ. Als großer Krieger und Jäger, der mit dem irischen Finn gleichgesetzt wird, scharte er in seinen dunklen Königreichen die Seelen toter Helden um sich. Obwohl er ein Gott des Lichtes war, herrschte Gwyn über den Hades. Sein berühmter Kampf mit Gwynthur ap Griedawl um Creudylad, Lludds Tochter, wiederholt sich jedes Jahr am ersten Maitag und erinnert so für alle Zukunft an den Wettstreit der Jahreszeiten. Später wurde Gwyn König der *Tylwyth Teg,* der walisischen Märchenwesen, was stark an die Legende erinnert, in der das Volk von Dana nach Ankunft der Milesianer in ein Märchenreich übersiedelte. Graves weiß auch zu berichten, daß im vorchristlichen Glastonbury ein Gwyn-Kult praktiziert wurde, wo man diesen »Herne der Jäger« nannte, während derselbe Archetyp in Schottland unter dem Namen Artus bekannt war.

In einer walisischen Legende wird Britannien vor seiner Besiedlung *Clas Myrddin,* Merlins Reich, genannt. Rolleston führt die interessante Geschichte eines griechischen Reisenden namens Demetrius an, von dem berichtet wird, er habe das Land im ersten Jahrhundert n. Chr. bereist. Dort ist die Rede von einer Insel im Westen, auf der Kronos mit den ihm verbundenen Göttern angeblich gefangengehalten wurde. Während er schlief, wachte Briarius über ihn, »denn der Schlaf war die Fessel, die man für ihn geschmiedet hatte«. Hier liegt eine Version der Ankunft des Sonnengottes am Meer des Westens vor, verbunden mit seiner Gefangennahme durch die Mächte der Dunkelheit, die griechische Einflüsse aufweist. Oder sollten wir diesen Aspekt unberücksichtigt lassen und in der Erzählung eine weitere Variante vom Schicksal der Kraft Merlins sehen, die unter einem Stein begraben wurde? Eine dritte Interpretation läge in der Geschichte von König Artus und seinem Heer, das in einer verborgenen Höhle schläft und auf seine Erweckung wartet.

Hier wird die Perspektive eines zukünftigen Zeitpunkts suggeriert, den man zu gegebener Stunde erwartet: Merlin wird seinen Felsen beiseite schieben, und Artus wird in voller Rüstung seinem unsterblichen Heer voranreiten. Die Sonne ändert ihren Lauf, um das Joch der Dunkelheit für immer von diesem Planeten zu verbannen. An diesem Punkt nehmen wir von der walisischen Mythologie vorläufig Abschied, um ihr im zweiten Teil dieses Buches wiederzubegegnen, wo wir die okkulte Bedeutung der keltischen Gottheiten genauer untersuchen werden.

1. Peter S. Harper und Eric Sunderland (Hg.), *Genetic and Population Studies in Wales.*
2. Gantz, Jeffrey, *The Mabinogion.*
3. Rolleston, T. W., *Myths and Legends of the Celtic Race,* S. 347.
4. Graves, Robert, *The White Goddess.*
5. Davies, Edward, *The Mythology and Rites of the British Druids.*

5. Der keltische Einfluß in Schottland

Offensichtlich führten die belgischen Invasionen während der frühen Eisenzeit zu gravierenden Veränderungen unter den damaligen Völkerstämmen. Einige der älteren Völker wurden gezwungen, in den hohen Norden bis nach Schottland und Irland zu ziehen. Das geographische Werk von Ptolemäus aus dem zweiten Jahrhundert n. Chr. siedelt die Cornavii an den belgischen Grenzgebieten und in Sutherland an, die Dunmonii in Devon und am Clyde. Beide Stämme flohen vor den belgischen Völkern aus ihrer Heimat in diese Gegenden. Ähnliches muß den Iceni zugestoßen sein, deren Heimat sich einst von Wiltshire bis Lincolnshire erstreckte. T. C. Lethbridge vertritt die Ansicht, daß dieser Stamm später zu den Epidii von Kintyre wurde, einem großen Reitervolk, dessen heutige Nachkommen die MacEacherns sind. In den frühen christlichen Zeiten fand auch eine Wanderung von Irland nach Argyll statt, was dort jedoch keinen Einfluß auf den alteingesessenen keltischen Glauben nahm.

Zwei Meilen von Kilberry entfernt, liegt an der Straße nach Tarbert der »Seat of Cailleach«, auf den die Menschen heute noch einen Stein werfen, um die Erfüllung eines Wunsches zu erhoffen. Cailleach heißt wörtlich »alte Frau«, der tiefere Sinn dieser Bedeutung ist jedoch als Hinweis auf eine Figur der dreifachen Gottheit zu verstehen. Unter anderem herrschte sie über die Winde, das Meer und die Jahreszeiten. Sie hielt eine Jungfrau in einem Keller in Glencoe gefangen, die später mit Dairmid (oder Dermot), dem gälischen Adonis, entfloh. Offensichtlich symbolisiert diese Jungfrau den Neumond oder die Unbeflecktheit. Lethbridge sah in ihr die «Black Annis« von Leicester und Gruagach mit den schönen Haaren.

Knappe zweihundert Meter von »Cailleach's Seat« liegt »Slochd na Chapuill«, die Mulde der Stute, und unterhalb davon »Glac na h'Imuilte«, die Mulde des Kampfes, wobei Kampf hier mehr im mythologischen als historisch-realen Sinn zu verstehen ist: Eine Seite wollte Cailleach von ihrem Pferd herabstoßen, während die andere versuchte, dies zu verhindern. Aus dieser Legende leitet sich das keltische Pferderitual ab. Cailleach läßt sich mit der schottischen Epona oder der Mutter Erde identifizieren.

Zu Beginn der Bronzezeit um 1800 v. Chr. wurden die Britischen Inseln von einem Volk beherrscht, das zu den Becherkulturen zählt. Mit ihm werden viele der prähistorischen Stätten Schottlands in Verbindung gebracht, zumal die Kelten beträchtlich später ins Land kamen. Sie sind kulturell, vielleicht sogar von ihrer Abstammung her den zentraleuropäischen Kelten verwandt, die ursprünglich aus dem Alpenbereich stammen. Als spezifische Form religiöser Verehrung huldigten sie einer dreigestaltigen Gottheit, die u. a. aus zwei männlichen Figuren bestand: Eine wurde gewöhnlich als Sonnengott dargestellt, die andere als Herrscher der Unterwelt mit magischen Kräften.

Die behauenen Steine zählen zu den interessantesten Funden des alten Britanniens und werden den Pikten zugeschrieben. Man kann ihnen in Schottland sehr häufig begegnen, meistens als Monolithen. Obwohl ihre Datierung noch umstritten ist, stellen sie äußerst interessante Objekte für das Studium der Frühzeit dieser Inseln dar. Des öfteren finden sich auch christliche Symbole, die wahrscheinlich später hinzugefügt wurden. Sichelförmige Monde, die zu den vielerorts verbreiteten Hügelfiguren keltischen oder vorkeltischen Ursprungs gehören, zählen zu den häufigsten Motiven. Des weiteren stößt man auf Sonnenscheiben und zahlreiche Tierdarstellungen, besonders Pferde, Hirsche, Wildschweine, Schlangen, Fische, Adler und Hunde. Obwohl das Symbol des Fisches zentral für die christliche Religion ist, war es früher schon den Göttern Astarte und Poseidon geweiht. Alle anderen Tiere gehören zum Gott des Mondes. Insbesondere der Eber war Cailleach geweiht, weshalb viele Schotten kein Schweinefleisch essen.

Da es den Römern nie gelang, bestimmte Gebiete Schottlands zu erobern, wurden die ansässigen Druiden weder unterdrückt noch getötet und waren so in der Lage, die matriarchalischen Strukturen der Pikten und die alte keltische Religion weiter zu überliefern.[2] In späteren Zeiten wurde sie dann irrtümlich als dubiose »Hexerei« gedeutet und grausam verfolgt.

Forscher wie Lethbridge fragten sich oft, ob mythologische Tiergestalten wie das »Wasserpferd« des Hochlandes reine Phantasieprodukte sind oder von Beschreibungen früherer Völker übernommen wurden, die in ihrer Heimat Tiere wie das Nilpferd kannten. Vielleicht lebten sie im Gedächtnis der Stämme seit einer Zeit fort, wo möglicherweise noch ganz andere Tiere, wie etwa das Einhorn, auf der Erde vorkamen. Offensichtlich waren es die Belgen, die in Schottland die wichtige Rolle der männlichen Gottheiten begründeten. Nur die Pikten hielten an den alten matriarchalischen Vorstellungen fest. Zur Totenwache wurde ein hebridischer Tanz aufgeführt, der das endende Jahr und den erwachenden Frühling symbolisierte. Die Engländer nennen ihn »The Carlin of the Mill Dust«, wobei Carlin ein anderes Wort für Cailleach ist.

Cailleach wurde in den Hochebenen Schottlands verehrt. Ihr Volk waren die Kaledonier. Sie wird mit der gelben Muillearteach und Gruagach im Kontext der dreigestaltigen Gottheit identifiziert, hat ein blauschwarzes Gesicht, ein Auge in der Mitte des Vorderkopfes und hervorstehende Zähne, ähnlich der indischen Kali. Als eine Art weiblicher Thor, wenn man so will, trägt sie einen Hammer und Blitze. Zudem ist sie Schutzherrin der Pferde, Hirsche, Schweine, Ziegen, Katzen und Schlangen. Ihr Gatte ist der Meergott Mananan oder Poseidon. Man berichtet von ihr, daß sie in der Lage sei, sich in einen Stein zu verwandeln. Gruagach besitzt trotz ihres schönen Haares ebenfalls destruktive Mächte, wobei man den Archetyp des zerstörenden Gottes im Zusammenhang der Evolution sehen muß, die ständig in Veränderungen und Umwälzungen begriffen ist. Auch die »Black Annis« von Leicester zählt zu diesen Gottheiten. Möglicherweise besteht eine Verbindung zur irischen Dana oder zur Diana der alten Epheser. Als Baumgöttin war ihr insbesondere die Eiche geweiht. Später traten neue Gottheiten an die Stelle der alten, in diesem Fall wurden die Eiche und ihr Orakel in den Zeus-Kult übernommen.

Nemon oder Nementone, eine weitere schottische Göttin, wurde auch in Gallien, Irland und im Westen Englands verehrt. Sie hieß die »Perle des Himmels«, was eine Umschreibung für den Mond ist. Ihr Gatte war Neit, ein irischer Gott der Schlacht und des Krieges. Lethbridge sieht in ihr die Adraste, der von Boudicca weibliche Gefangene geopfert wurden. Möglicherweise besteht ein Zusammenhang mit der griechischen Nemesis, und er vermutet, daß ursprünglich weiße Ochsen geopfert wurden, wenn man auf den Eichen Mistelzweige fand. Ihre Verbindung zu den heiligen Hainen bestand schon, bevor sie von männlichen Göttern verdrängt wurde.

Aus den bisherigen Ausführungen können wir schließen, daß der mythologische Zirkel Schottlands sich von dem irischen oder walisischen unterscheidet. Wer die Zeit hat, sich damit zu beschäftigen, wird jedoch keltische und vorkeltische Wurzeln entdecken. Jede Religion wird auch vom Geist ihrer Entstehungszeit bestimmt. Die Legenden der Pikten, welche auf Steinen eingraviert und mündlich überliefert wurden, bezeugen nur allzu deutlich den Einfluß von Kulturen sowohl aus der Bronze- als auch aus der Eisenzeit und Anleihen aus deren Religionen. Später, als das Christentum Einzug hielt, nahm es seinen spezifischen Einfluß auf die alten Kulturen, wie man an den schottischen Heiligenlegenden erkennen kann. Aber ungeachtet aller historischen Überlagerungen bewahrt sich doch die Identität, der innerste Kern eines Volkes und verarbeitet die Lektionen und Einflüsse der verschiedenen Epochen. So verhält es sich mit allen Nationalitäten, Stämmen und Sitten, und darum kann ein und dieselbe Wahrheit auch in jeweils unterschiedlicher Gestalt erscheinen; eine Tatsache, die man immer im Auge behalten sollte.

1. Lethbridge, T. C., *Gogmagog*, S. 73.
2. Ebd., S. 136.

6. Die Verbindung zum Kontinent

Die alte europäische Kultur der Kelten hinterließ ihr Spuren in vielen Teilen des Kontinents; nicht nur in Britannien, sondern auch in Gallien, über das Cäsar so aufgeschlossen berichtet. Da uns die alten bretonischen Schriften nicht mehr zugänglich sind, kommen als Quellen über die Kelten nur die französischen Autoren der Zeit in Betracht. Aus diesem Grunde muß manches zu diesem Thema Spekulation bleiben.

Die anglo-normannische Dichterin, welche um 1150 n. Chr. unter dem Namen Marie de France schrieb, verfaßte unter anderem eine Anzahl von »Lais« oder Erzählungen, in denen sie nachdrücklich darauf hinweist, daß sie bretonischen Ursprungs seien. Bei einigen betont sie, daß es sich um originalgetreue Übersetzungen der Vorlagen handelt:

> Les contes que jo sai lais,
> Dunt le Bretun unt fait les lais,
> Vos conterai assez breifment,
> Et cief (sauf) di cest coumencement
> Selunc la lettre è l'escriture.[1]

Ihre Erzählungen beziehen sich meist auf die Artussage. Während bestimmte Details mit einiger Sicherheit auf walisische Legenden zurückgehen, kann man andere zweifellos mit den Bretonen und jenen Ereignissen in Zusammenhang bringen, die nach vielen Kriegen und Invasionen mit dem Schwinden des keltischen Einflusses verbunden waren. Es bestehen gute Gründe anzunehmen, daß in Britannien über Jahrhunderte hinweg ein weitverstreuter, aber doch entwickelter Fundus von Reiterlegenden um die Artusgestalt mündlich und schriftlich überliefert wurde. Rolleston ist der Meinung, die »Lais« der Marie de France gingen auf die Bretagne als die eigentliche Wiege der Artussagen, oder zumindest ihrer ritterlichen und romantischen Aspekte, zurück. Wir hoffen jedoch in diesem Buch zu belegen, daß den Artuslegenden ein allgemeinerer Archetyp zugrunde liegt, als man auf den ersten Blick annehmen könnte.

Dazu muß man zwei weitere bretonische Quellen zu Rate ziehen. Der französische Dichter Chrétien de Troyes begann um 1165, auf bretonische Quellen zurückzugreifen. Von seinem Werk sagt man, daß er als erster die Artussage in die europäische Literatur integrierte und in eine allgemein anerkannte Form und Aussage brachte. Einer seiner Romane über den Tristanstoff ist verloren, aber die Einleitung zur Lancelotgeschichte wird ihm zugeschrieben. Er verfaßte auch eine *Conte del Graal,* in der die Gralslegende und die Figur des Perceval möglicherweise zum ersten Mal literarisch bearbeitet wurden. Die Erzählung wurde jedoch nicht vollendet, und es bleibt im dunkeln, um was es sich bei dem Heiligen Gral tatsächlich handelte. Ein weiterer Roman mit dem Titel *Erec* enthält die Geschichte von Erec und Enide.

Chrétiens Werke gehen mit großer Sicherheit auf bretonische Quellen zurück. Troyes liegt in der Champagne und wurde im Jahre 1019 von Eudes, dem Grafen von Blois, mit seinem Gebiet zusammengeschlossen. Nach einer Zeit der Enteignung durch den Grafen Theobald von Blois wurde die Champagne 1128 wieder geeint. Wie die Geschichtsschreibung bestätigt, bestanden zwischen Blois und der Bretagne enge Beziehungen. Man nimmt an, daß die »Lais« durch fahrende Spielleute ihren Weg zum Hofe von Blois fanden.

Über die ursprünglich bretonischen Motive der Artussage, die Tafelrunde und die typische Konzeption des Rittertums herrschen wenig Zweifel. Um den wahren Hintergrund der Artuslegende und all dessen, was zu diesem Kult gehört, zu begreifen, muß man Verschiedenes mit in Betracht ziehen: die Einflüsse der Troubadours, des französischen Rittertums sowie die ethnischen Eigenheiten jener Völker, in deren Überlieferungen diese Sagen eine hervorstechende Rolle spielen.

Der letzte Verweis auf bretonische Quellen geht auf Gautier Denain zurück, der die Urheberschaft einer der

Gauwaingeschichten Bleheris zuschreibt, einem Dichter, der in Wales geboren und ausgebildet wurde. Die Gelehrten sind der Ansicht, daß dieser Barde mit dem *famosus ille fabulator, Bledhericus* identisch ist, der von Giraldus Cambrensis erwähnt wird.[2]

Die Kelten prägten in Europa und auf den Britischen Inseln zahlreiche Ortsnamen. Es würde zu weit gehen, sie alle in diesem Buch zu zitieren, daher mögen einige Beispiele genügen: Das Wort *dunum*, wie es noch in »Dundalk« oder »Dunrobin« erkennbar ist, bedeutet Schloß oder Festung. Man findet es häufig in Frankreich vor: *Lugdunum* (Lyon), *Viro-dunum* (Verdun), in der Schweiz: *Minno-dunum* (Moudon), *Eburo-dunum* (Yverdon), und in den Niederlanden: *Lug-dunum* (Leyden). In Britannien wurde der keltische Begriff oft in *castra* umgewandelt. Auf diese Weise wurde aus *Camulo-dunum* Colchester und *Brano-dunum* zu Brancaster. In Deutschland hießen die heutigen Städtenamen Kempten, Karnberg und Leignitz einst *Cambo-dunum, Carro-dunum* und *Lugi-dunum*, während in Rumänien *Singi-dunum* und *Novi-dunum* zu Belgrad und Isaktscha wurden. Die Liste ließe sich beliebig lange fortführen. Die Namen von Großstädten wie Paris, Mailand und Wien gehen ebenso wie die Flüsse Themse, Rhein, Donau und Seine auf keltische Bezeichnungen zurück.[3]

In jüngerer Zeit stellten Forscher, die sich mit der Geschichte der Tempelritter und Katharer beschäftigen, interessante Beobachtungen an. David Wood etwa verfolgte die Theorien des Buches *The Holy Blood and the Holy Grail* von Baigent, Leigh und Lincoln weiter, und stellte eine Verbindung der bei Narbonne errichteten Steine zur keltischen Kultur fest. In seinem kürzlich erschienenen Buch *Genisis* findet sich eine Abbildung der Karte des »keltischen Rennes« von Henri Boudet mit dem Vorkommen der Steine, die in diesem Gebiet errichtet wurden.[4] Ob sie nun tatsächlich von den Kelten aufgestellt wurden, muß offenbleiben. Wir wissen jedoch mit Sicherheit, daß der keltische Einfluß in dieser Gegend sehr stark war.

Zu unserem Wissensstand über Glauben und Herkunft der Kelten könnte noch viel aus weiteren europäischen Quellen hinzugefügt werden, ein Unterfangen, dem man jedoch nur mit ganzen Reihen von Büchern gerecht werden könnte. So müssen wir uns hier mit Mythen und Legenden begnügen, welche zudem im Laufe der Zeit durch voreilige Deutungen beträchtlich verfälscht wurden. Aber verhält es sich nicht bei den meisten, vielleicht sogar allen interessanten Kulturen der Frühzeit so?

1. Rolleston, S. 139.
2. Ebd., S. 342.
3. Ebd., S. 27 f.
4. Wood, David, *Genisis,* S. 230.

7. Die Edda

Meine Suche nach keltischen Spuren in den Mythen und Legenden der frühen Völker führte mich auf viele, mitunter auch verschlungene Wege der Forschung. Vor einigen Jahren stieß ich auf ein Buch mit dem Titel *The British Edda* von L. A. Waddell, das 1930 erschienen ist. Außer einer beeindruckenden Liste seiner Publikationen bietet es keinen Hinweis auf den wissenschaftlichen Hintergrund des Autors. Unter anderem stammen Titel wie *The Makers of Civilisation in Race and History, Phoenician Origins of the Britons, Scots and Anglo-Saxons, Indo-Sumerian Seals Deciphered, A Sumer-Arian Dictionary, Lhasa and its Mysteries* aus seiner Feder und wurden von hervorragenden Pressestimmen begleitet.

Da es zu meiner Arbeitsweise gehört, auf der Suche nach der Wahrheit nichts unberücksichtigt zu lassen, und ich dem Leser das Recht zubillige, seine eigene Meinung zu bilden, möchte ich auch diesen Autor zu Wort kommen lassen. Dabei muß jedoch klargestellt werden, daß die Existenz eines britischen Königs namens Artus weder bewiesen noch widerlegt werden soll, wenn ich nun Waddells Untersuchung des sumerischen Hintergrundes der keltischen Sage kritisch referiere. Mein Anliegen wird lediglich sein, Vergleiche in bezug auf den Personenkreis und auf zentrale Begriffe der Artussage zu ziehen.

Waddell bezieht sich auf eine Sammlung lose aneinandergefügter Schriften und Fragmente, die als *Edda* bekannt ist. Obwohl gemeinhin angenommen wurde, daß die *Edda* ein Vermächtnis teutonischer und skandinavischer Völker darstellt, werden die hauptsächlichen Götter und Helden den Goten zugerechnet. Daraus läßt sich ein unmittelbarer Bezug zu den Kelten herstellen, zumal wir bereits wissen, daß sich diese Völker gegenseitig beeinflußten. Der zentrale Schauplatz der *Edda* wird in Kleinasien situiert. In seinem Buch *The British Edda* untermauert Waddell seine Schlußfolgerungen, aber seine detaillierte Verfahrensweise erfordert ein weit umfangreicheres Vokabular, als ich hier im Rahmen der historischen Seite meines Ansatzes unterbringen kann. Dem interessierten Leser stehen seine Werke für das weitere Studium zur Verfügung. Ich werde mich im folgenden bemühen, seine Thesen so weit zusammenzufassen, daß sich weitere Ansatzpunkte über die Ursprünge der frühen Kelten erschließen.

Während eines Studiums der hinduistischen Geschichte und Mythologie in Indien stellte Waddell östliche Elemente in den Schriften der *Edda* fest. Er war über die Parallelen zwischen Eindri aus der *Edda* (Thor, auch Andvara genannt) und Indra aus der indischen *Veda* erstaunt, die beide mit einem Pfeil bewaffnet sind und als hochgewachsen, unbesiegbar und von heller Hautfarbe beschrieben werden. Beide waren rotbärtige Himmelsgötter von riesenhaften Körpermaßen, die ihr Volk zum Sieg führten und gegen feindliche Schlangen und Drachen kämpften. Natürlich gab es darüber hinaus noch zahlreiche weitere Götter, die gegen Ungeheuer kämpften wie Zeus, Apollo, Horus und Marduk. Der Kampf des heiligen Georg mit dem Drachen aus der christlichen Überlieferung wurde mit Sicherheit diesen frühen Quellen entlehnt.

Die Ähnlichkeiten zwischen der skandinavischen und der indogermanischen Mythologie sind unverkennbar. Auch birgt die Verbindung Thors zur Gralslegende viele Gemeinsamkeiten mit dem Artuszyklus. Waddell trifft jedoch eine genaue Unterscheidung zwischen dem englischen König Artus der bekannten Sage und einer früheren Bezeichnung, hinter der er den eigentlichen Ursprung des Namens vermutet. Thor heißt in der *Edda* Her-Thor und wird mit Ar-Thur gleichgesetzt. »Her« und »Ar« waren mundartliche Varianten desselben Ursprungswortes mit der Bedeutung »arisch« oder »indogermanisch«. In der Tat enthüllt seine Studie über die sumerische Kultur im alten Mesopotamien, von dem man annimmt, daß es die Wiege der Zivilisation sei, überzeugende Fakten.

Der Einfluß der alten Sumerer erstreckte sich über Ägypten, Kleinasien, Kreta, Indien und das prähistorische Donautal. Ihr erster König hieß Indara, Dar-Danos oder

König Tur, woraus sich der Name Thor ableitete. Dieser Monarch, den die Sumerer später als Gott verehrten, findet sich auf einer Abbildung aus dem Jahre 3380 v. Chr. als Drachentöter. Seine Kriegerscharen waren unter der Sammelbezeichnung »Guts« oder »Goten« bekannt. Ihr Äußeres läßt sich von Porträts auf Steinen und Ornamenten rekonstruieren. Sie trugen gehörnte Helme oder Kopfbekleidungen, die denen der europäischen Goten, nordischen Völker oder alten Briten vergleichbar sind.

Nicht nur Waddell fielen die Ähnlichkeiten zwischen den nordischen und den indogermanischen Tempeln ins Auge. Die *Encyclopedia of Mythology* von Larousse zählt zahlreiche Beispiele von Göttern auf, die beiden Völkern gemeinsam sind: Varuna und Woden oder Mitra und Tiw etwa sind gleichen Ursprungs. Das Kapitel über keltische Mythologie wird dort mit einer Abbildung eröffnet, die sich auf der Gundestrop-Schale findet und den gehörnten Gott Cernunnos zeigt, wie er, von Tieren umringt, gegen eine widderköpfige Schlange kämpft (im Dänischen Nationalmuseum, Kopenhagen, zu besichtigen). Die ferne Vergangenheit scheint ein Ereignis zu bergen, das sich nicht mehr genau rekonstruieren läßt. Es hinterließ bei allen Völkern, die davon betroffen waren, seine Spuren, und jedes schuf sich seine ausgeschmückte Version von der Erzählung.

Waddell zog nicht nur die zahlreichen verfälschenden Übersetzungen der *Edda* in Betracht, sondern darüber hinaus auch Hunderte von Gravuren, Ornamenten und Skulpturen der Sumerer und anderer Völker. So kam er letzten Endes zu dem sicheren Schluß, daß es sich bei der *Edda* um keinen mythologischen, sondern einen geschichtlichen Text handelt. Wie er zu diesem Ergebnis kam und welches Untersuchungsmaterial er dabei verwendete, erläutert er ausführlich in seinem Buch.[1]

Neben den Texten der *Edda* waren um 4000 v. Chr. auch die Sagen und Religionen von Hindus und Indogermanen weitgehend identisch. Erst danach setzte eine Weiterentwicklung ein. Ein hochgewachsenes Volk von heller Hautfarbe trat plötzlich in Erscheinung. Bei seiner Ankunft in der Gegend um Mesopotamien begegnete es einem grausamen Stamm von Barbaren, der von ihm in die Künste und verschiedene zivilisatorische Errungenschaften eingeführt wurde. Sie schafften die Blutopfer ab, institutionalisierten die Heirat, lehrten Landwirtschaft und führten die Religion ihres Gottes Asar oder Osiris ein, dem Herrn des Lichtes und der Gerechtigkeit, der später zu ihrem Gottkönig wurde. Überdies vertraten sie eine Politik des Friedens, die zu diesen Zeiten sicher keinen großen Anklang fand. Mir scheint fast, es handelt sich hier um eine Version der Atlantissage. Für David Wood herrscht kein Zweifel darüber, daß die Kelten und die alten Ägypter selben Ursprungs sind. Ich erinnere mich an eine Diskussion in London, die einige Jahre zurückliegt. Mein Gesprächspartner beschrieb die Kelten als eine Gruppe des Volkes von Atlantis, die sich auf ihrer Flucht vor der großen Flut im Donaugebiet niederließ. Waddell äußert sich unverblümt über die biblische Schöpfungsgeschichte, wenn er sie als »mutwillig verunglimpft« beschreibt und feststellt, daß sie »semitische Verleumdungen gegen die alten Sumerer« enthalte, wohingegen der ursprüngliche indogermanisch-sumerische Artus und sein Volk in prometheischer Sprache als Begründer der Zivilisation beschrieben werden.[2] Wir erfahren zudem, daß Guinevere ein anderer Name für Eva sei. Der Sohn von Guinevere und des sumerischen Artus (Gunn-Ifa und Her-Thor) hieß Gunn, Gawain, Mikli oder Miok, wurde vom Christentum später als Erzengel Michael adaptiert und kämpfte mit dem bösen Loki (Luzifer), so wie es Horus mit Set tat.

Die *Edda* von Waddell führt uns in weitere, bemerkenswerte Charaktere der Artussage und anderer, auch biblischer Legenden ein, die in den sumerisch-indogermanischen Kontext gestellt werden. Die Artusfigur wurde später zum Gott erhoben und taucht als Indra, Zeus, Thor, Lugh und hl. Georg wieder auf.

Ob es nun tatsächlich die alten Sumerer waren, die auf dem indischen Subkontinent die erste Kultur begründeten, mag der wissenschaftlichen Diskussion vorbehalten bleiben. Studierende der alten Mythen würden kaum zögern, zwei verschiedene Stränge zu unterscheiden, die ihren Beitrag zur Sagenwelt der Vorzeit leisteten: einmal die Formen des Mu aus dem Osten, und zum zweiten der westliche, atlantische Einfluß. Solange die Rätsel jener Epochen nicht gelöst sind, bleiben wir jedoch auf Mutmaßungen angewiesen, und in der historischen Forschung werden sich zahlreiche Vorurteile kaum vermeiden lassen.

Da sich dieses Kapitel mit Namen und Titeln vornehmlich der Artusgestalt beschäftigt, soll ein weiterer Ansatz nicht verschwiegen werden, nach dem Artus von Arcturus abstammt, einer Bezeichnung für die babylonischen Hohenpriester. Ähnlichkeiten, gleiche Ursprünge und die Assoziation mit dem Bären finden sich auch bei der griechischen Artemis, dem keltischen Gott Artio, der in der Gegend von Bern in der Schweiz verehrt wurde, sowie dem hl. Artemidorus des Christentums. Arcturus ist zudem der Name des hellsten Sterns in einer Konstellation, die sechsunddreißig Lichtjahre von der Erde entfernt liegt. Die Bezeichnung leitet sich aus dem griechischen »Arktouros« ab, was soviel wie »Hüter des Bären« bedeutet (arktos = Bär, ouros = Hüter). Die Dienerinnen der Artemis hießen *arktoi,* Bärinnen, obwohl der Altphilologe Carl Kerenyi betont, daß Artemis nie mit dem Bären in Verbindung gebracht wurde, da ihr ursprünglich der Löwe als Tier geweiht war. Nachdem die griechischen Götter der Sage nach vor dem Ungeheuer Typhon in das alte Ägypten geflohen waren, verwandelte sich Artemis in eine Katze und suchte Zuflucht auf dem Mond. Ihr geliebter Begleiter Kallisto erschien am Himmel als Großer Bär. Sie gebar Zeus einen Sohn mit Namen Arkas, den Stammvater der Bewohner von Arkadia, oder, einer anderen Quelle zufolge, die Zwillinge Arkas und Pan. In beiden Fällen läßt sich die Verbindung zu den Kelten und ihren möglicherweise griechischen Ursprüngen herstellen.

1. Waddell, L. A., *The British Edda.* Introduction, S. XLVII.
2. Ebd., S. LXXIII.

8. Die Hügelfiguren

Die Hügelstatuen repräsentieren einen festen Bestandteil britischer Vergangenheit. So sehr, daß man sich fragen könnte, ob man sie als Vermächtnis der Kelten ansehen oder nicht einer früheren Zeit zuordnen sollte. Natürlich wurden einige dieser Statuen erst später in den Landstrichen der Britischen Inseln errichtet, andere stammen jedoch aus den vergangenen Zeiten keltischer Vorherrschaft. Zudem sollte berücksichtigt werden, daß an den Standorten verschiedener Statuen schon in früheren Zeiten nicht selten ähnliche Monumente zu finden waren, wie lokale Überlieferungen zu berichten wissen.

Das häufigste Motiv der Hügelfiguren ist zweifellos das weiße Pferd, welches eine besondere magische Bedeutung hatte und mit bestimmten Göttern assoziiert wurde. Der Vergleich mit zwei griechischen Göttern liegt nahe: Demeter, die vom Meeresgott Poseidon verfolgt wurde, sich in eine Stute verwandelte und sich unter die Pferde von Oncios, dem Arkadier, mischte, um ihm zu entkommen. Poseidon nahm jedoch die Gestalt eines Hengstes an und vereinigte sich mit ihr, worauf sie das wilde Pferd Arion gebar. Demeter wurde als Göttin der Pferde unter dem Namen Epona bei den gallischen Kelten als »drei Eponae« verehrt. Der Kult fand noch Jahrhunderte nach dem Zusammenbruch der keltischen Weltmacht Anhänger unter den Nachkommen.

So wird es in einem interessanten Bericht von Giraldus Cambrensis in seiner *Topography of Ireland* dargestellt, wo der alte Pferdekult noch bis zum zwölften Jahrhundert praktiziert wurde. Er beschreibt auch die Krönung eines irischen Unterkönigs in der Nähe von Tyrconnell, bei der seine symbolische Geburt von der weißen Stute zelebriert wurde. Der Kronprinz mußte auf allen vieren zu ihr kriechen, als ob er ihr Fohlen wäre. Danach wurde das Tier geschlachtet und in einem großen Kessel gekocht, in den sich der Mann daraufhin begab, um mit den Teilen des Pferdes eins zu werden. Schließlich bestieg er den Einweihungsstein und wendete einen weißen Stab dreimal von links nach rechts und umgekehrt »zu Ehren der Dreifaltigkeit«, wie der Text berichtet. Heute wissen wir, daß die Pferdegöttin einen Teil der dreigestaltigen matriarchalischen Gottheit darstellte.

Auch der griechische Gott Poseidon wurde mit dem Pferd in Verbindung gebracht. Neben der erwähnten Vereinigung mit Demeter verführte er auch Medusa in Athenes Tempel. Wütend über eine solche Entweihung, verwandelte Athene Medusa in eine Schlangenbrut. Als Perseus ihr später das Haupt abschlug, entsprangen der Krieger Chrysaor und das geflügelte Roß Pegasus der Wunde. Hermes Trismegistus zufolge steht das Pferd für geläuterte Leidenschaft, und da Athene die gegenteiligen Eigenschaften zu Vernunft und Selbstkontrolle repräsentiert, liegt die Moral der Geschichte auf der Hand.

Wahrscheinlich gab es den Pferdekult schon vor der Ankunft der Kelten. Auf einer Abbildung aus der Steinzeit, die man in einen Knochen geritzt hatte, ist ein Mann mit Pferdemaske erkennbar. Man fand sie in einer kleinen Höhle bei Derbyshire.[1]

Die Pferdegöttin kommt in der Geschichte von *Pwyll, dem König von Dyfed* auch als keltische Rhiannon vor. Schon bei der ersten Begegnung verliebte sich Pwyll in sie und nahm mit seinem schnellsten Pferd die Verfolgung auf. In der ursprünglichen Fassung der Geschichte verwandelte sie sich in eine weiße Stute und entkam. Um die mythologischen Bedeutungen besser zu verstehen, wollen wir uns genauer den Hügelstatuen, insbesondere den Pferdeskulpturen, zuwenden.

Aus Kate Bergamar ergiebigem Buch *Discovering Hill Figures* habe ich eine Liste der bekannteren Figuren mit dem Jahr ihrer Errichtung zusammengestellt. Dabei traf ich eine Unterscheidung zwischen jüngeren Standorten und historischen Stellen, die in alten Zeiten heilige und magische Bedeutung hatten.

Wipsnade Lion – 1935; White Horse of Strichen – nach 1773; White Stag of Strichen – 1870; Inkpen Horse – 1868;

Plymouth Giants – sind heute verschwunden, einige Berichte datieren sie auf 1529, die Originalstatue wurde womöglich früher errichtet –; Osmington Horse – Datierung nicht möglich, wahrscheinlich sehr früh; Woolbury Horse – achtzehntes Jahrhundert; Wye Crown – 1902; Watlington White Mark – 1764; Kilburn White Horse – 1857; Pewsey White Horse – 1937; Marlborough Horse – 1804; Hackpen Horse – 1838; Devizes Horse – 1835; Broad Towen Horse – 1864; Alton Barnes Horse – 1812; Litlington Horse – 1838; Bledlow Cross – 1787; Cherhill Horse – offiziell 1870, aber damit ist eine Geschichte verknüpft, auf die ich kurz zurückkommen möchte.

Folgende Skulpturen werden wir näher untersuchen: Das Uffington White Horse, Whiteleaf Cross, Gogmagog Giants, Cerne Abbas Giant, Red Horse of Tysoe (welches nicht mehr vorhanden ist; das Original geht jedoch auf die Periode des Uffington Horse zurück), The Long Man of Wilmington und das Westbury Horse.

Beginnen wir mit dem White Horse of Uffington. Die Legende berichtet folgendes: Wenn man mit geschlossenen Augen auf einem Auge der Figur steht und sich dreimal im Uhrzeigersinn um die eigene Achse dreht, wird einer von sieben geäußerten Wünschen erfüllt.

Die Zahlen Drei und Sieben sind den Göttern Jupiter und Neptun geweiht. Man sagt auch, daß sie eine Rolle im Okkultismus des alten Britannien spielten. Die Dreierstruktur bildete ein wesentliches Element im öffentlichen und religiösen Leben der alten Kelten. Neptun ist identisch mit Poseidon, dem Herrn der Meere, und der Sage nach huldigten in den späten Tagen von Atlantis die dortigen Hohenpriester diesem Gott, um die bedrohlichen Flutwellen zu besänftigen, welche ständig im Begriff waren, das Land zu überschwemmen. Zu diesem Zweck erwiesen sie jener Symbolfigur ihre Ehrerbietung, die eng mit dem Neptunkult verbunden war – dem weißen Pferd!

Die Skulptur von Uffington liegt etwa einen halben Kilometer nordöstlich der alten Festung aus der Eisenzeit und drei Kilometer südlich von der Stadt Uffington. Dort kann

man das Pferd besichtigen, wie es sich ungefähr hundert-
siebzig Meter über dem Tal erhebt. Fachleute beurteilen es
als eines der beeindruckendsten Monumente der Britischen Inseln. Es steht gegenüber dem ebenso berühmten
Dragon's Hill, wo angeblich der hl. Georg seinen feuer-
speienden Gegner bezwang. Auf dem Gipfel des Hügels,
wo der Drache der Sage nach sein Blut vergoß, wächst bis
heute kein Gras. Westwärts erstreckt sich das Land in ei-
gentümlichen, terrassenförmigen Schichtungen, die als
»The Giant's Stairs« bekannt sind, während die Straße zum
Schloß durch eine tiefe Talmulde mit der Bezeichung »The
Manger« führt. Achthundert Meter in westlicher Richtung
liegt ein Hügelgrab (Wayland's Smithy), das vom Schloß
aus über einen Gratweg erreichbar ist. Alles weist in diesem Landstrich auf das Wirken der alten Kelten hin, welches möglicherweise einen älteren regionalen Kult ablöste.

Über die Ursprünge dieser Hügelstatue weiß man nur
wenig. Wer sie errichtete, warum und mit welchen Mitteln,
muß auch für die Fachleute offenbleiben. Man stellte Vermutungen an, daß es sich nicht um ein Pferd, sondern
einen Drachen oder ein fremdes katzenartiges Tier handelt. Historisch wurde sie zum ersten Mal zur Zeit Hein-
richs II. erwähnt, wo der Herrensitz von Sparsholt nahe
dem »Ort, welcher gemeinhin als White Horse Hill bekannt ist«, situiert wird. Die Bezeichnung »Vale of the
White Horse« findet sich in einem Manuskript, das nun im
Corpus Christi College zu Cambridge archiviert liegt. Dort
ist von einem der Wunder Großbritanniens die Rede, das
gleich an zweiter Stelle nach Stonehenge rangiert. Im siebzehnten Jahrhundert wuchs dann das wissenschaftliche Interesse. Chesterton schreibt in seiner *Ballad of the White
Horse* anläßlich König Alfreds Sieg über die Dänen im
Jahre 871:

Bevor die Götter, welche die Götter zeugten,
Das Ende ihres Sonnenaufgangs erlebten,
Wurde das weiße Pferd im Tal des weißen Pferdes
Auf der Erde errichtet.[2]

64

In einem offiziellen Bericht des Ministeriums für öffentliche Angelegenheiten wird vermutet, daß es von den Belgen stammt. Die Skulptur ist nicht sehr repräsentativ für die keltische Kunst, und so wurde auch eine Ähnlichkeit mit keltischen Imitationen der stilisierten Pferde festgestellt, wie sie sich auf Goldmünzen aus dem Reich Philipps von Makedonien finden. Diese Münzen, auf denen Pferde mit spitzen Köpfen eingraviert sind, kamen über Gallien ins Land und wurden später in Britannien gefunden. Pferde, die eine starke Ähnlichkeit zum Uffington Horse aufweisen, finden sich auf zwei metallgetriebenen Behältern, von denen einer aus Marlborough (jetzt im Devizes Museum), der andere aus Aylesfoer stammt (heute im British Museum ausgestellt). Man schreibt die Pferdeskulptur gemeinhin den Kelten zu und datiert sie auf das erste Jahrhundert v. Chr.

Da sie an exponierter Stelle errichtet wurde, kann man annehmen, daß es sich um eine Kultfigur oder ein Stammessymbol handelte. Während der Eisenzeit war die Anbetung von Tieren, insbesondere des Pferdes, weit verbreitet. Die Skulptur ist ungefähr dreihundertsechzig Fuß lang, worin man eine magische Bedeutung sehen kann, denn die Druiden zählten das Jahr im Dreihundertsechzig-Tage-Zyklus, bevor anläßlich der Verschiebung der Umlaufbahn der Kalender um fünf zusätzliche Tage ergänzt wurde. Weiterhin läßt sich daraus folgern, daß seine Erbauer mit den alten atlantischen und ägyptischen Mythen vertraut waren (siehe Kapitel 9) oder daß die Stätte selber älter ist, als man zuerst annehmen möchte und, ähnlich wie Stonehenge, erst später von den Kelten in Besitz genommen wurde.

Der einheimische Aberglaube besagt, daß sich das Pferd langsam den Berg hinauf bewegt, was trotz offizieller Fotografien, auf denen neben der Statue schattenhafte Linien erkennbar sind, unglaubwürdig ist. Man erzählt auch, daß Wayland selber, der nach der skandinavischen Legende ein weißes Pferd besaß, in seiner nahegelegenen Schmiede die Hufe gefertigt habe. Reisende, deren Pferde neu behuft werden mußten, konnten seine Dienste in Anspruch nehmen. Sie mußten ihre Tiere am Eingang der Schmiede anbinden, eine Münze hinterlassen und weiter ihres Weges ziehen. Bei ihrer Rückkehr war die Arbeit getan.

Whiteleaf Cross ist auf einer steilen Böschung errichtet und blickt nach Westen über das Tal von Aylesbury hinweg, nahe bei Monks Risborough. Darunter führt der Icknield Way vorbei, was in bezug auf die Kelten wichtig sein könnte. Die keltischen Straßen waren keine unbefestigten Pfade, wie man annehmen möchte, sondern wurden für regen Wagenverkehr gebaut. Man kann die Figur vom Headington Hill aus sehen, und Berichten zufolge sogar vom fast fünfzig Kilometer entfernten Uffington Castle. Ihre Usprünge liegen im dunkeln. H. J. Massingham datiert sie in seinem Buch *Chiltern Country* auf dieselbe Epoche wie das Uffington Horse, den Long Man of Wilmington sowie den Cerne Abbas Giant und sieht darin ein Phallussymbol oder astrologisches Monument aus der Bronzezeit. Später wurde es einem religiösen Orden zugeschrieben, über dessen Existenz es keine eindeutigen Berichte gibt. In einem Dokument aus dem Jahre 903 wird es als Grenzmarke in der Nachbarschaft von Whiteleaf, bekannt als Wayland's Stock, erwähnt. Es wird gemeinhin angenommen, daß das ursprüngliche Phallussymbol später von Mönchen in Form eines Kreuzes zugehauen wurde.

Die Gogmagog Giants wurden während der letzten Jahre von T. C. Lethbridge ausgegraben, dessen Buch *Gogmagog, The Buried Gods* ein Muß für jeden ist, der sich für die alten Stätten interessiert. Er entdeckte eine Reihe riesiger Figuren, darunter eine reitende Göttin, einen Krieger mit erhobenem Schwert und einen Sonnengott, jede davon mit Symbolen versehen. Lethbridge war von der keltischen Herkunft seiner Entdeckungen überzeugt und beschreibt detailliert die Darstellungsformen der dreifachen Göttin, ihre Attribute, ihren Begleiter, den Sonnengott, sowie den Herrscher der Unterwelt, welche gemeinsam die Geweihten Fünf des keltischen Mystizismus bildeten. Er datiert die Errichtung der Festung und den Beginn des Kultes der Pferdegöttin auf etwa 200 v. Chr. Um 50 v. Chr. wurden die Iceni von den belgischen Catuvellauni verdrängt, obwohl es nach Lethbridges Zeugnis keinen Anhaltspunkt dafür gibt, daß Wandlebury von den Belgen besetzt wurde. Die Stätte, deren heidnische Bedeutung außer Frage steht, wurde kaum früher als 300 v. Chr. gegründet.

Dreizehn Kilometer nördlich von Dorchester steht auf dem Giant Hill die Figur des Cerne Giant, nach Westen ausgerichtet. Hinter dem Riesen liegt ein rechteckiges Grundstück, das in der Gegend als Frying Pan oder Trendle bekannt ist. Hier fanden zur Sonnenwende jahrhundertelang die Maibaumfeierlichkeiten und Fruchtbarkeitsriten statt. Eine Legende berichtet, daß das Volk von Cerne die Statue um den Leib eines Riesen errichtet habe, der nach einem Mahl am Fuße des Hügels schlafend getötet worden sei. Andere Überlieferungen behaupten, daß ein Mädchen, das auf der Statue schläft, viele Kinder zur Welt bringen wird. Der Fruchtbarkeitsglaube ist noch so lebendig, daß des öfteren kinderlose Paare zur Statue pilgern, um von ihrer sagenumwobenen Energie zu profitieren.

William von Malmesbury zufolge war in Cerne eine besonders störrische Ausprägung von Heidentum ansässig. Das könnte heißen, daß der mit der Statue verbundene Aberglaube sich noch weit in die Zeit des Christentums hinein behauptete. Da sie nahe einer Abtei liegt, versuchte man sie mit den dortigen Mönchen in Verbindung zu bringen, wofür es jedoch keine Anhaltspunkte gibt. Dennoch muß es gravierende Gründe dafür gegeben haben, daß ein derartiger heidnischer Götze nicht von ihnen zerstört wurde. Der Überlieferung zufolge schufen die Mönche von Lanercost im Jahre 1268 nach dem Vorbild des griechischen Gottes Priapus ein Fruchtbarkeitsidol für die ansässigen Siedler, deren Vieh von einer Seuche dahingerafft worden war. Es wurden Versuche unternommen, den Hünen für den christlichen Glauben zu vereinnahmen. 1764 beschloß man schließlich, daß die Figur den Helden Herkules darstellte. Diese Ansicht findet man in einem

Handbuch des National Trust. Dafür spricht auch, daß die Formgebung der Statue typisch für die britisch-römische Kunst ist, denn ähnliche Gestalten fand man auf Geschirr und Kultgegenständen der Zeit. Zudem lebte gegen Ende des zweiten Jahrhunderts n. Chr. der Herkuleskult wieder auf.

Den Long Man of Wilmington kann man auf der Nordseite der Windover Hills bewundern, fünfeinhalb Kilometer nördlich von Eastbourne und sechzehnhundert Meter südlich der Hauptstraße Hastings–Lewes. Über die Geschichte dieser Statue, die auch als The Lanky Man und unter dem magisch bedeutsamen Namen The Green Man bekannt ist, weiß man so gut wie nichts. Im Gegensatz zum untersetzten Cerne Giant, ist die Statue hoch aufgeschossen, von athletischer Figur und erinnert eher an Hermes oder Merkur. Zur Frage ihrer Identität gibt es zahlreiche, mitunter phantastische Theorien. Man vermutete unter anderem den hl. Paulus, Merkur, Mohammed, einen römischen Soldaten und einen angelsächsischen Heuwender dahinter. Eine örtliche Überlieferung berichtet, wie zwei Riesen, die einst auf dem Windover Hill lebten, in Streit gerieten und sich mit Steinen bewarfen. Dabei wurde der Riese vom Windover Hill getötet und blieb am Standort der heutigen Statue liegen. Flinders Petrie sah in ihr die hinduistische Gottheit Varuna, wie sie die Pforten des Himmels öffnet, was auch mit dem häufig wiederkehrenden keltischen Motiv des Wächters übereinstimmen würde. Um 1870 wurde zur Rechten des Long Man ein Hahn gesehen, was den Theorien vom hl. Paul und von Mohammed wieder Auftrieb gab, bei denen dieses Tier einen symbolischen Stellenwert hatte. Auch wurden in der Gegend angelsächsische und römische Kunstgegenstände gefunden, so daß im Vergleich mit Uffington ein etwas späterer keltischer Einfluß nicht von der Hand zu weisen ist.

Vom Red Horse of Tysoe ist heute nichts mehr zu sehen, aber es befand sich dreizehn Kilometer von Banbury entfernt, dort, wo die Straße Banbury–Stratford on Avon die Edgehill-Böschung hinabführt. Es gibt viele Berichte darüber, wie die Originalstatue im Jahre 1461 zum Gedenken des Pferdes des Earl of Warwick, das in der Schlacht von Towton in Yorkshire fiel, wieder instand gesetzt wurde. Man nimmt jedoch übereinstimmend an, daß es nach dem Vorbild der Statue von Uffington errichtet wurde und daher deutlich keltischen Ursprungs ist. Ein Forscher, den ich persönlich kenne und der in Archäologie und Okkultismus gleichermaßen bewandert ist, versicherte mir das hohe Alter der Skulptur. Vor diesem Hintergrund erscheint es lohnend, die Frage nach seiner magischen Bedeutung zu stellen.

Zu guter Letzt möchte ich noch das Westbury Horse erwähnen. Man findet es auf der steilen Böschung von Bratton Down, drei Kilometer von Westbury und sechzehnhundert Meter südwestlich von der Ortschaft Bratton entfernt. Oberhalb liegt Bratton Camp, eine Festung aus der Eisenzeit, in deren Anlagen sich ein noch früheres Hügelgrab befindet.

Lethbridge weiß einiges über dieses Pferd zu berichten. In *Gogmagog* ist ein Luftfoto des »Phantom Horse of Bratton« abgebildet, das sich dicht hinter der heutigen Skulptur befand.[3] Die originale Statue sah mit dem langen, schweren Körper und den kurzen Beinen ursprünglich anders aus. Das Pferd trug eine Satteldecke mit zwei halbmondförmigen Insignien und erweckte den Eindruck eines urweltlichen oder mythologischen Tieres. Am seltsamsten sah der Schwanz aus, der in reptilienartiger Weise aufwärts gerichtet war und in einer gabelförmigen Spitze endete. Lethbridge ist der Ansicht, daß die Statuen von Tysoe und Uffington keine Pferde im herkömmlichen Sinn darstellen. Die letzte Version wurde 1853 errichtet, jedoch nicht über der älteren, wie Lethbridges Foto beweist. Man nimmt von der Stätte an, daß sie sehr alt ist und womöglich dem lunaren Aspekt der dreifachen Gottheit geweiht war.

Die Nähe des Cherhill Horse zum Silbury Hill wirft etliche Fragen auf. Es wurde etwas früher, um 1780, von Dr. Christopher Alsop errichtet, den man wegen seines Interesses für weiße Pferde den »verrückten Doktor« nannte.

Wußte Dr. Alsop etwas, das sich unserer Kenntnis heute entzieht? Vielleicht gab es Jahrhunderte früher eine alte Pferdestatue, mit der er sich während seiner intensiven Studien ausführlich beschäftigte? Bei dieser Gelegenheit kommt mir ein Erlebnis in den Sinn, das ich mit vier weiteren Menschen teilte, als ich in einer dunklen und stürmischen Nacht am Cherhill Horse vorbeifuhr.

Ich saß auf dem Rücksitz des Wagens, der von der Autorin, Kolumnistin und Traumexpertin Nerys Dee gesteuert wurde. Zusätzlich befanden sich noch zwei weitere Damen und ein Mann im Auto. Gerade als wir an der Statue vorbeifuhren, schien sich die Erscheinung eines riesigen Vogels von urzeitlichen Ausmaßen vom Hügel zu lösen, unseren Weg zu kreuzen und links von uns in der Dunkelheit zu verschwinden. Der Situation entsprechend fühlten wir uns wie im Traum.

Das war aber noch nicht alles. Wir fuhren weiter und passierten Silbury Hill, als der Schatten eines Mannes vom Straßenrand aus geradewegs auf unseren Wagen zukam. Wir konnten das Gesicht nicht erkennen, sahen aber im Scheinwerferlicht seine Gestalt. Seine Kleidung hatte keine Ähnlichkeit mit der Mode der letzten Jahrhunderte, sondern ähnelte mehr dem Aufzug eines Menschen aus der Bronze- und Eisenzeit. Nerys bremste mit voller Gewalt, und der Wagen blieb mit einem plötzlichen Ruck stehen. Sie hatte den Aufprall eines Körpers vor dem Wagen gespürt, und so stiegen wir sofort aus, um zu helfen. Aber es war nichts und niemand zu sehen, nicht einmal eine Fußspur auf dem nassen Teer! Die Straße war gottverlassen. Nerys war natürlich etwas durcheinander, und so beschlossen wir, die nächste Gastwirtschaft aufzusuchen, um unsere angegriffenen Nerven zu beruhigen und in aller Ruhe über den Vorfall zu sprechen. Wir müssen recht verstört ausgesehen haben, denn ein Paar an der Theke fragte uns gleich beim Eintreten, ob alles in Ordnung sei. Doch bevor wir uns zu dem Vorfall äußern konnten, begrüßte uns ein etwas geschwätziger Gast mit den Worten: »Wie ich sehe, wart ihr unterwegs. Macht euch nichts draus, viele andere müssen auch bei dem scheußlichen Wetter auf die Straße, ebenso wie ihr.« Überflüssig zu erwähnen, daß wir kommentarlos unseren Kaffee tranken und möglichst schnell unseren Weg wieder aufnahmen.

Im englischen Begriff für Alptraum, »nightmare«, ist das Wort »Stute« enthalten. Dazu bemerkt Robert Graves:

Dem Dichter wird sie als eine kleine, feurige Stute erscheinen, nicht größer als dreizehn Hände, aber von besonderer Zucht: cremefarben, von makellosem Körperbau, mit blauen Pupillen, langem Kopf und wehender Mähne. Ihre Nachkommenschaft besteht aus neun Füllen, die ihr bis aufs Haar ähneln. Nur die gewöhnlichen Hufe der Jungen unterscheiden sich von denen der Mutter, welche fünfgliedrig sind, ebenso wie beim Schlachtroß Julius Cäsars. Um ihren Nacken hängt ein hellglänzendes Geschirr von der Art, wie es den Archäologen als *lunula* oder kleiner Mond bekannt ist: eine dünne Scheibe aus Gold in Sichelform, deren Enden hinter dem gebeugten Nacken mit einem Band aus rotem und weißem Leinen zusammengebunden sind. Gwion sagt in ihrem *Song of the Horses,* der versehentlich in das *Cad Goddeu* (Zeilen 206−209) eingegliedert wurde und für die weiße Göttin selber bestimmt war:

Das gelbe Pferd ist schön,
aber hundertmal edler
ist mein cremefarbenes,
und schnell wie eine Seemöwe ...[4]

1. Graves, Robert, *The White Goddess,* S. 384.
2. Bergamar, Kate, *Discovering Hill Figures,* S. 8.
3. Lethbridge, T. C., *Gogmagog, The Buried Gods,* S. 80.
4. Graves, a.a.O., S. 419 ff.

9. Die keltische Megalithenkultur

Die Frage nach einem Zusammenhang zwischen den Megalithen und der keltischen Kultur ist schwierig zu beantworten. Stammen sie von den Kelten oder von früheren Einwanderern? Dem geübten Auge fallen die Parallelen zwischen der Megalithenkultur und Funden aus Bronze- und Eisenzeit auf. Stätten wie Callanish legen beispielsweise klar Zeugnis von früheren Völkern ab und sollten nicht voreilig als rein keltisch bezeichnet werden. Dennoch gibt es auch Beispiele für Vermischungen und zeitliche Überlagerungen, besonders im religiösen Bereich, den wir im zweiten Teil dieses Buches genau eingrenzen werden.

Während der letzten Jahre wurde so viel über Stonehenge geschrieben, daß ich unmöglich alle Details in einem Kapitel referieren kann. Die Verbindungen zu den Megalithen und den ägyptischen Pyramiden wurden beobachtet und hervorragend dokumentiert. Wissenschaftler etlicher Disziplinen trugen ihren Teil dazu bei, und die meisten von ihnen stimmen darin überein, daß die Kultstätte schon eine beträchtliche Zeitspanne vor der keltischen Einwanderung existiert hatte. Aufgrund ihres tiefen Wissens von den kosmischen Zusammenhängen schienen die Druiden mit dem Geheimnis von Stonehenge noch vertraut zu sein.

Die Erbauer müssen großartige Kenntnisse in Astronomie und Mathematik besessen haben und vertrauten ihre Geheimnisse dem Stein an. Robert Graves hat keine Schwierigkeiten, die Botschaft von Stonehenge zu entschlüsseln:

Die Deutung ist einfach. Der Sonnengott von Stonehenge war der Herr der Tage und der dreißig Bogen des äußeren Kreises. Die dreißig Steine des inneren Kreises stehen für die Anzahl der Tage des ägyptischen Monats. Das eigentliche Geheimnis dieser Kreise liegt jedoch in der Teilung des Sonnenjahres in fünf Abschnitte, von denen wiederum jeder in drei Perioden von vierundzwanzig Tagen gegliedert wurde. Dies wird durch die drei Dolmen versinnbildlicht. Der Kreis wurde so angelegt, daß die Sonne zur Sommersonnenwende genau über dem Ende des Weges aufging, in einer Linie mit dem Altar und dem Stein auf der gegenüberliegenden Seite. Vom übriggebliebenen Paar der unbehauenen Steine markiert einer den Sonnenaufgang zur Wintersonnenwende, der andere den Sonnenuntergang zur Sommersonnenwende.[1]

Graves nimmt an, daß der Altar und die aufrecht stehenden Steine aus Wales herbeigeschafft wurden. Mit dem Verrücken ihrer heiligsten Steine und ihrer Wiedererrichtung auf der Ebene sollte die religiöse Macht der Todesgottheit von Pembrokeshire gebrochen werden. Zweiundsiebzig ist die zentrale Zahl. Sie steht für die zweiundsiebzig Tage des Sommers, acht mit neun multipliziert hat zudem solare Bedeutung und Fruchtbarkeitskonnotationen.

Auch in anderen magischen Bereichen spielt diese Zahl eine wichtige Rolle: So glaubten viele frühe Kulturen, daß der alte ägyptische Kalender mit dreihundertsechzig Tagen die ursprüngliche Einteilung des Jahres darstellte, bevor fünf weitere Tage hinzuaddiert wurden. Thoth, der Herr der Zeit, gewann nämlich in einem Brettspiel gegen den Mond den zweiundsiebzigsten Teil von dessen Licht, so daß die Götter Isis, Osiris, Horus, Nephthys und Set geboren werden konnten. In der griechischen Mythologie gibt es eine ähnliche Sage: Cronus erlaubte dem jungen Zeus, ihm einen Nektar zu reichen. Dieser ermöglichte es, den Stein auszuspucken, in welchem Zeus gemeinsam mit zwei Brüdern und drei Schwestern gefangen war. Wieder geht es um die magische Zahl Fünf; Cronus war zudem ein Zeitgott, und Fünf ist der zweiundsiebzigste Teil von dreihundertsechzig. Die Erbauer von Stonehenge schienen ihr Wissen mit anderen Kulturen, besonders den Ägyptern und den Griechen, zu teilen. Von daher kann die Möglichkeit einer einzigen, ursprünglichen Quelle dieses Wissens nicht ausgeschlossen werden.

Graves geht jedoch weniger auf die eigentlich religiöse Bedeutung von Stonehenge ein. Die Beschäftigung damit ist aber sicher vonnöten, wenn man dem Geheimnis dieses Bauwerks auf die Spur kommen möchte.

Isabel Helder meint:

Stonehenge, das »Greenwich-Observatorium« und die große Sonnenuhr der Vorzeit, war in erster Linie ein astronomischer Kreis. Die alten britischen Astronomen benutzten den Heliographen und die Sterne, um Jahres- und Tageszeit zu erfassen und den Bauern und Händlern Anhaltspunkte für ihren Tagesablauf zu geben. Als Maßeinheit für Stonehenge und alle anderen Bauwerke dieser Art auf unseren Inseln, aber auch für die große Pyramide, gilt die Elle.[2]

Das sogenannte magische Wissen der Druiden war mehr naturwissenschaftlicher als mystischer Art. Diodorus Siculus erwähnt etwa, daß sie Teleskope benutzten, was zweifellos den Aberglauben nährte, sie könnten die magische Kraft des Mondes auf die Erde holen, indem sie sein Licht verstärkten.

Offensichtlich wurden noch weitere aus Stein erbaute Stätten auf den Britischen Inseln von den Druiden benutzt. Man nimmt auch an, daß sich in diesen Zentren die Bahnen der Erdenergien trafen und konzentrierten.

Eine weitere Frage dreht sich um die »Sheela-na-gigs«, jene weiblichen Fruchtbarkeitssymbole, die man sogar in christlichen Kirchen finden kann. Die Bedeutung dieser Bezeichnung ist unbekannt und bietet Raum für viele Spekulationen. Nach meinem Dafürhalten bedeutet es soviel wie »Exhibitionist«.

Eine weitere Erklärung hält »Sheela« für »Sithlach« (heilige Frau), während »gig« »Gott« bedeutet, so daß sich »heilige Göttin« ergeben würde.[3] In England, Schottland und Wales gibt es etwa vierzig von diesen Abbildungen, weitere fünfundsiebzig findet man überwiegend in den Schlössern Irlands. Derart freizügige Abbildungen des weiblichen Körpers trifft man im nördlichen Europa zu dieser Zeit sonst nicht an. Die Kelten benutzten eher eine spezifisch männliche Symbolik, um Fruchtbarkeit darzustellen. Den Abbildungen von Genitalien sagte man in früheren Zeiten die Kraft nach, böse Geister fernzuhalten. Vom rein religiösen Standpunkt aus betrachtet, stellen diese Gravuren die Mutter Erde in ihrer Fruchtbarkeit dar. Ich denke nicht, daß man sie als rein keltisch bezeichnen kann. Sie stammen wohl noch von steinzeitlichen Relikten ab, die von den matriarchalisch orientierten Kelten adaptiert wurden.

Die Fruchtbarkeit spielte zweifellos für alle frühen Völker eine zentrale Rolle, im öffentlichen wie auch im religiösen Bereich. Sie war nicht zuletzt für das wirtschaftliche Wohlergehen eines Volkes die wichtigste Grundlage. In der Bibliographie findet der interessierte Leser einige ausführliche und verständliche Bücher zu diesem Thema.

Im zweiten Teil werden wir die Religion der Druiden untersuchen, mit den zahlreichen Subkulturen und Überlagerungen, die sich im Laufe der Jahrhunderte innerhalb der frühen europäischen und britischen Gemeinschaften entwickelten. Damit werden einige Unklarheiten über kultische und religiöse Praktiken der Kelten aus dem Wege geräumt, wie ich hoffe.

1. Graves, Robert, *The White Goddess,* S. 291.
2. Elder, Isabel Hill, *Celt, Druid and Culdee,* S. 59.
3. Bord, Janet and Colin, *Earth Rites,* S. 69.

10. Das keltische Christentum

Von den ersten Missionaren, die in Britannien ankamen, um die »Heiden« zu bekehren, wird berichtet, daß sie dort einer hochkultivierten und unverfälschten Ausprägung ihres eigenen Glaubens begegneten. Die »Kirche«, welche sie vorfanden, war vermutlich die der Culdees.*

Wer waren sie, und woher stammte ihr Wissen? Einige Gelehrte nehmen an, daß die Druiden selber diesen alten Glauben gründeten. Wahrscheinlicher ist jedoch, daß er von jüdischen Auswanderern, die vor orthodoxeren Glaubensgenossen geflohen waren, auf die Inseln gebracht wurde.

Die Etymologie des Wortes »Culdich« ist ungeklärt und bot Anlaß für viele Spekulationen. Der Bibelforscher John Colgan übersetzte es mit *guidam advanae,* was soviel wie »gewisse Fremde« bedeutet – jene, die von fernen Ufern kamen. Freculphus apud Godwin behauptet, daß gewisse Jünger Jesu im Jahre 37 nach Britannien flohen, um nach der Auferstehung ihres Herrn der Verfolgung im Heimatland zu entgehen. Sie wurden von Arviragus, dem König der Westbretonen, gastfreundlich aufgenommen und in einer nahegelegenen Druidenschule untergebracht. Später teilte er ihnen zwölfhundert Morgen Land zu, auf dem die erste christliche Kirche erbaut wurde. Eine Passage aus dem Domesday Book bestätigt diesen Bericht: »Das Domus Dei, im großen Kloster zu Glastonbury. Zu dieser Kirche gehörten zwölfhundert Morgen Land, für das sie niemals Steuern entrichten mußte.«[1]

Es spricht viel dafür, daß die Glastonbury-Kirche das erste christliche Bauwerk im Lande ist. Vielleicht wurde sie sogar von Menschen errichtet, die ihren Glauben noch direkt aus dem Munde Jesu empfangen hatten und aus diesem Grunde seine Lehre unverfälschter vermitteln konnten als spätere christliche Einwanderer, deren Ansichten

---

* Bei den Culdees handelte es sich vermutlich um die ersten Christen der Britischen Inseln. Ihr Name bedeutet soviel wie »Diener Gottes« (Anm. d. Üb.)

von griechischen, römischen und anderen Einflüssen gefärbt waren.

Eine beliebte, aber historisch haltlose Legende berichtet, daß Jesus selber Glastonbury und weitere Teile des Landes besuchte.

Freculphus berichtet, daß der Apostel Philippus zu den gallischen Kelten predigte. Warum sollten also nicht einige seiner Zeitgenossen bis zu den Britischen Inseln vorgedrungen sein und womöglich Kontakte zu den Druiden geknüpft haben?

Über die Nähe der druidischen Lehren zur christlichen Religion wurde viel geschrieben. So liegt es nahe, daß sich beide Weltbilder gegenseitig beeinflußten und überlagerten. Aus den *Ecclesiastical Antiquities* von Cymry erfahren wir, daß die Druiden das Christentum schon bei der frühesten Begegnung adaptierten und ihre Priesterschaft gleichzeitig als christliche Geistliche akzeptierten. Angeblich war Amesbury eine der drei Druidenschulen, die später zu christlichen Zwecken umstrukturiert wurden. Der christliche König Lucius, ein Enkel von Pudens und Claudia, der in dritter Generation von Caradoc abstammt, erbaute nahe eines Druidenzentrums in Winchester wahrscheinlich das erste Münster.

Dort wurde im Jahre 156 ein Konzil abgehalten, welches die christliche Religion als offizielle Nachfolgerin der druidischen Lehren bestimmte.[2]

Eusebius von Cesarea zufolge »gelangten die Apostel zu den Inseln jenseits des Ozeans, welche man die Britischen nennt«. Das Christentum breitete sich dort besonders während der ersten fünf Jahrhunderte unserer Zeitrechnung aus. Der britische Historiker Gildas stellt dazu im Jahre 542 fest: »Wir wissen mit Sicherheit, daß Christus, unser Herr, im Jahre 37 sein Licht und die Weisheit seiner Lehren zu unseren Inseln brachte.«[3]

Natürlich akzeptierten nicht alle Druiden und Barden die christliche Religion, so wie heute viele wieder auf der Suche nach dem alten Glauben der Druiden sind, da sie ihn der aktuell verbreiteten Lehre vorziehen. Ebenso nahmen noch Jahrhunderte nach der Christianisierung Europas viele Könige, Prinzen und Staatsmänner die Dienste der Barden und Druiden in Anspruch. Die Monarchen von Irland hielten an den alten Lehren noch lange nach der Zeit des hl. Patrick fest, bis in Irland die Konfessionsfreiheit proklamiert wurde und neben dem Christentum auch ältere Religionen gepredigt wurden.

Lewis Spence behauptet, daß die Culdees äußerlich eine bestimmte Form der christlichen Religion pflegten, während ihre Lehren im Kern doch noch stark dem druidischen Gedankengut verpflichtet waren.

Die früheste christliche Kirche, so wie sie von den keltischen Druiden aufgenommen wurde, war also die Kirche der Culdees. Ihre Priesterschaft, die hauptsächlich aus christianisierten Druiden bestand, erklärte sie zur Mutterkirche des Christentums. Besonders während der letzten Jahre wurde die Frühphase unserer Religion Gegenstand detaillierter wissenschaftlicher Untersuchungen. Ich bin jedoch nicht genau im Bilde, ob und wieweit die erläuterten Aspekte Eingang in diese Diskussion fanden.

Diese frühe, unabhängige Kirche der Britischen Inseln unterscheidet sich in einigen Aspekten von der späteren, latinisierten Art christlicher Glaubensausübung. Sie wurde von den Bischöfen, Ältesten oder Priestern gelenkt, wobei diese Titel auf ein und dasselbe Amt hinweisen.[4] Man sah keinen Anlaß, bestimmte Bräuche, Sitten und Begriffe der Druiden abzuschaffen, deren traditionelle weiße Tracht auch beibehalten wurde. Den Ranghöchsten unter ihnen nannte man »deon«, was soviel wie »Vorstand« bedeutet.

Das Amt der Geistlichen wurde nach altem keltischem Brauch vererbt, ebenso wie die Krone und, mit Einschränkungen und Berücksichtigung der individuellen Fähigkeiten, der Beruf des Barden. In Irland bestand ein Erbrecht von fünfzehn Generationen auf die Leitung des Bistums von Armagh. Giraldius Cambrensis, ein Bischof von St. David aus dem zwölften Jahrhundert, zog die römische Kirche der keltischen vor und beklagte sich darüber, »daß die Söhne nach dem Tod ihrer Väter nicht durch Wahlen, sondern kraft des Erbrechtes zu priesterlichen Weihen gelangen«. Die keltisch beeinflußte Version des Christentums erlebte während der ersten sieben Jahrhunderte unserer Zeitrechnung ihre Hochblüte. In dieser Zeit war die Hl. Dreifaltigkeit stärker als die Jungfrau Maria die zentrale Figur religiöser Verehrung.

Die Invasion der Angelsachsen zwischen 446 und 501 drängte die Kelten, und damit auch ihre Kirche, in den westlichen Teil Englands, den Südwesten Schottlands und nach Wales zurück. Auf der Flucht vor den Römern errichteten sie Kirchen und Klöster an so entlegenen Orten wie Bardsey (vor der walisischen Küste), Lindisfarne, Iona, in unzugänglichen Teilen Irlands und auf einigen Inseln vor der schottischen Küste. Viele dieser Orte wurden zum Ziel von Pilgern. Die Ansässigen bewahrten sich eine besondere Form der christlichen Religion, welche dem Glauben der Druiden noch eng verbunden ist.

597 erreichte eine augustinische Mission, von Gregor entsandt, die Ufer der Britischen Inseln, um die Angelsachsen zu bekehren.

So wurden auch die Kelten auf eine Form des Christentums zurückgebracht, wie man sie damals guthieß, was einen gewissen Columbianus zu folgender Beschwerde gegenüber Papst Bonifaz IV. veranlaßte:

Ihr Fleisch, mein Papst, ist von Häresie verseucht. Tödliche Irrtümer haben sich eingeschlichen, Schrecken und Gottlosigkeit finden Schutz. Katholisch? Den wahren katholischen Glauben habt Ihr verloren. Die strenggläubigen und wahren Katholiken sind jene, die sich stets mit Eifer um den wahren Glauben bemühten.[5]

Ungeachtet dessen, was die keltische Kirche als schwerwiegende Irrwege betrachtete, hatten Augustinus und seine Missionare mit ihren fragwürdigen Lehren großen Erfolg. Sie fanden auch das Wohlgefallen Papst Gregors, der weitere Missionare entsandte, diesmal mit Meßgewand und

Kirchenschmuck. Zu diesem Zeitpunkt beginnt auch der bekanntere Teil britischer Geschichte, über den man sich in vielen historischen Werken informieren kann.

1. Elder, Isabel Hill, *Celt, Druid and Culdee,* S. 93.
2. Ebd., S. 96.
3. Ebd., S. 97 f.
4. Ebd., S. 104.
5. Ebd., S. 121.

ZWEITER TEIL

RELIGIÖSE UND MAGISCHE GLAUBENSHALTUNGEN

11. Die Welt der Götter

In der Frage nach dem Wesen des keltischen Glaubens scheiden sich die Geister. Viele heidnische Kulte wurden der Einfachheit halber mit der keltischen Religion in einen Topf geworfen. Um zu ihrer wahren Lehre und den eigentlichen Aussagen zu gelangen, muß man weit zurückgehen, bis zu den Ursprüngen des keltischen Volkes in Nordindien und im Mittleren Osten der neolithischen Periode. Zu dieser Zeit war die Vorstellung von der Mutter Erde der religiöse Zentralgedanke, begleitet von Schamanismus, Polytheismus und einer entsprechend einfachen Magie. Als sich erste zivilisatorische Einflüsse geltend machten, hinterfragte man mehr und mehr den alten Glauben und entwickelte rationalere, allgemeinverständlichere Weltbilder.

Nicht bei allen Religionen, in denen der Muttergedanke richtunggebend ist, spielt der Mond die dominante Rolle. Für die germanischen Völker waren die Sonne und ihre Kraft beispielsweise weiblichen Geschlechts. Sie wurden durch die Götter Sol und Sunna sowie das Runenzeichen repräsentiert.[1]

Auch bei den alten Ägyptern gab es mächtige Solargötter. In der Religion der Eskimos und Japaner wurde die Sonnengöttin von untergeordneten Begleitern eskortiert, die man durch den Mond versinnbildlichte.[2]

Die früheste keltische Gottheit war dreigestaltig – das heiratsfähige Mädchen, die Mutter und die alte oder weise Frau. Die Repräsentationen des männlichen Gottes waren der heilige Gott der Sonne und des Lichtes sowie der dunkle Magier und Herr über das Reich der Toten. Ebenso

wie die Christen an den dreigestaltigen Gott glauben, so
hielten die alten Kelten an ihrer fünfgestaltigen Gottheit
fest, der eigentlich ein pantheistisch-monotheistisches
Konzept zugrunde liegt. Sie war gleichzeitig männlich und
weiblich. Ihre fünf Inkarnationen wurden auf je individuelle Weise dargestellt, bildeten aber insgesamt ein homoge-
nes Ganzes. So wie es immer schon dem Bedürfnis der
Menschen entsprach, sich als Ebenbilder ihrer Götter zu
sehen, projizierten die alten Kelten auch menschliche Vor-
züge und Fehler auf die fünf verschiedenen Identitäten
ihrer Gottheit. So war die Religion der Druiden für jedermann verständlich. Ihre esoterischen Regionen blieben jedoch nur den Druiden, Barden oder jenen, die ihr Wissen
teilten, zugänglich.

Neben ihren Göttern galt die Ehrerbietung der Kelten
vor allem der Natur. Steine, Blumen, Bäume, Flüsse und
andere Naturerscheinungen wurden personifiziert und bekamen eigene Namen. Sie galten als Kinder der Mutter
Erde mit eigener Intelligenz. Grün war die geheiligte
Farbe der keltischen Magie und der Erdgöttin selber.

In einigen Teilen der Britischen Inseln überlebten diese
Naturelemente des alten keltischen Glaubens bis in heutige Tage. Auf Hügeln in Derbyshire lebt beispielsweise
noch die zeremonielle Verehrung der Flüsse und Quellen in
christlichem Gewand fort und findet jährlich unter dem
Namen »Well Dressing« statt. Die Kelten legten großen
Wert auf reine und reichliche Wasservorräte. Aus diesem
Grund waren sie sorgsam darauf bedacht, den Geistern
der Wasserstellen und Ströme zu huldigen, und errichteten
ihnen viele steinerne Altare.

Religiöse Intoleranz, wie wir sie heute kennen, existierte in diesen frühen Zeiten noch nicht. Es war üblich,
daß Reisende die ansässigen Götter anbeteten, wo sie sich
gerade aufhielten, jeder nach seiner persönlichen Glau-
bensvorstellung. Man erwies den Gottheiten der Region
oder dem persönlichen Schutzpatron seine Ehrerbietung.

Im Lauf der Zeit wuchs jedoch der Druck der Zivilisation mit ihren nivellierenden Begleiterscheinungen. Die

Vorstellung von der Erdgöttin und ihrem Gefolge, auf die sich die matriarchalische Gesellschaft gründete, wich den männlich orientierten Religionen der kriegerischen Völker, die ihre Lehren mit Schwertern verbreiteten. Das männliche Prinzip und die männlichen Götter waren nun vorherrschend. Dazu kam das Übergewicht der Aggression und Feindseligkeit mit all ihren Auswirkungen auf die menschliche Psyche und Mentalität, ein Erbe, das uns heute noch belastet. Die Göttin beschwor das Gesetz der Gegenreaktion und rief die Hilfe des Hüters der göttlichen Werte an, mit dem Ergebnis, daß die Menschen heute die fragwürdige Ernte aus der Abschaffung ihrer Prinzipien einbringen. Kriege, Grausamkeit, sexuelle Unausgeglichenheit, die Vorherrschaft des Materialismus und alle Krankheiten, die damit verbunden sind, suchen unseren Planeten seitdem heim.

Der einzelne ist nicht frei, seine religiösen Neigungen zu entdecken. Sofort wird er der Häresie angeklagt oder wegen mangelndem Opportunismus beschuldigt. Die Kraft der Schöpfung hat jedoch zwei Seiten – sie kann ebenso leicht zerstören wie Neues schaffen. Manchmal tut man gut daran, an dieses Prinzip zu denken, wenn man sich die wenig wünschenswerten Zustände auf der Erde vor Augen hält. Wenn wir krank sind, traktieren wir unseren Organismus unüberlegt mit allen möglichen Mitteln und Medikamenten, ohne uns die Mühe zu geben, zu hinterfragen, was für unseren Körper tatsächlich am besten wäre. In diesen makrokosmischen Regionen sind die verschieden benannten, aber von Natur aus ähnlichen Gottheiten Kali, Sekhmet und Cailleach zu Hause.

Welche Beziehung haben die zahlreichen Götter, die in diesem Buch bereits Erwähnung fanden, zum Erbe der keltischen Religion und zur fünffachen Gottheit? Als die Kelten begannen, westwärts zu ziehen, nahmen sie die Namen und Eigenschaften der Götter mit, welche sie in ihrem Heimatland verehrt hatten, ob das nun in Atlantis, Nordindien oder Südeuropa war. Wo sie hinkamen, lernten sie neue Religionen und Denkansätze fremder Länder und Städte kennen. Einige waren ihrer eigenen Religion sicher ähnlich, und man kann wohl gegenseitige Einflüsse vermuten. Nach einiger Zeit gab es für dieselben Götter viele verschiedene Namen.

Wir wollen ein Beispiel konstruieren. Ein Stamm gälischer Kelten beschließt, an einem Ort in der Schweiz sein Winterlager aufzuschlagen. Einige Familien finden an der Gegend Gefallen und beschließen im Frühling, als die anderen ihre Wanderschaft fortsetzen, sich fest niederzulassen und hier ihre Kinder aufzuziehen. Unter den Siedlern befindet sich auch ein Druidenpaar, das sein Amt weiterhin ausübt. Die Ansässigen werden auf die unbekannten Zeremonien aufmerksam und beschäftigen sich mit dem neuen Glauben. Erfreut stellt man fest, daß ihr eigener Hauptgott Artio, dem der Bär geweiht ist, mit einem Teil der keltischen Göttin identisch ist. Die beiden Stämme verschmelzen langsam, und der alten keltischen Gottheit wird ein neuer Name zuteil.

Aus diesem Beispiel ist leicht zu ersehen, wie die Entwicklung möglicherweise vonstatten ging und wie die vielgestaltigen Götter der Kelten mit denen anderer wandernder Völker zusammenhingen. In einer Gesellschaft, die von religiöser Toleranz geprägt ist, fällt es nicht schwer, sich gegenseitig positiv zu beeinflussen. So findet man eine ganze Reihe von Namen für dieselben Götter, die je nach Region, Mentalität und Brauchtum der betreffenden Völker variieren. Darunter gab es später auch einige katholische Heilige, die man zu bestimmten Zwecken anrief. Als Kind brachte man mir bei, zum hl. Blasius zu beten, wenn ich Halsweh hatte, den hl. Antonius konnte man um Hilfe bitten, um einen verlorengegangenen Gegenstand wiederzufinden, und der hl. Thomas stand einem vielleicht bei einer wichtigen Prüfung zur Seite. Die alten Ägypter beteten mit demselben Anliegen zu Anubis oder Thoth, die Kelten wiederum zu Bran, oder sie fragten ihre Barden um die Hilfe eines passenden Zauberverses. Viele der alten Götter repräsentierten die Jahreszeiten, von denen in regelmäßigem Zyklus eine »starb«, um die »Wiedergeburt« der nächsten zu ermöglichen. Natürlich waren nicht alle vorchristlichen Religionen keltisch beeinflußt. Es gab noch teutonische, griechische, römische, karthagische und viele andere Götter mehr. Auch sollte man jene nicht unberücksichtigt lassen, die im vorkeltischen Britannien verehrt wurden. Als die Kelten an den britischen Ufern landeten, begegneten sie dort einem Glauben, der gemeinhin als »die alte Religion« bekannt ist. Wie sah er aus? Vermutlich handelte es sich um ein Konglomerat aus mehreren Religionen, etwa der Becherkulturen und der Frühbevölkerung Britanniens. Wir wissen nur, daß der Gott mit den Hörnern eine zentrale Position innehatte.

Eine seiner frühesten bekannten Abbildungen wurde in der »Caverne des Trois Frères« in Ariège gefunden. Sie zeigt einen Mann, der mit einem Hirschfell bekleidet ist und das Geweih auf dem Kopf trägt. Man datiert das Porträt auf die paläolithische Periode der Frühsteinzeit.

Danach folgte die neolithische Phase, aus der wenig Gegenstände von künstlerischem Wert gefunden wurden. Zu Beginn der Bronzezeit wird die gehörnte Figur wieder populärer, diesmal in männlicher und weiblicher Gestalt. Später, in der matriarchalischer geprägten neolithischen Periode, adaptierte man Elemente aus der frühen Zeit des gehörnten Gottes.

Diese waren auch in Mesopotamien, Babylon und Assyrien populär, wie Waddell richtig beobachtete (siehe Kapitel 5). Auch in Ägypten findet man Amon mit den Widderhörnern und Hathor, die heilige Kuh. Hörner stellten zur Zeit der frühen Kulturen ein göttliches Symbol dar. Wenn in Babylonien der König oder Hohepriester mit seiner Königin oder Hohepriesterin als Gott Asshur erschien, war der Kopfputz mit einer entsprechenden Anzahl von Hörnern geschmückt, da man die Paare als Götter in Menschengestalt ansah.[3]

Ebenso wurden auch außerhalb Europas, etwa in Indien, Skulpturen des Gottes Pasuputi aus der frühesten Bronzezeit gefunden.

Dieses Thema lenkt uns auch auf die griechische Minotaurussage, führt zu den Höhlen der Satyre und Pans und schließlich zu unserem eigenen Green Man. Die Römer beobachteten, daß er in weiten Teilen Galliens verehrt wurde, und nannten ihn Cernunnos, was einfach »der Gehörnte« bedeutet. Dann setzt die Geschichte des Christentums mit ihren Verfolgungen und Vorurteilen ein und macht jede weitere genaue Beobachtung oder Rekonstruktion unmöglich. Er wurde, so wie Pan oder andere Gottheiten, mit Attributen aus dem Tierreich zu einer Inkarnation des Teufels erklärt. Die Kirche wachte geflissentlich darüber, daß die Menschen konsequent von den alten Religionen ferngehalten wurden.

Eine andere Art kultischer Verehrung, welche die Kelten wahrscheinlich bei ihrer Ankunft auf den Britischen Inseln vorfanden, galt der dreifachen Gottheit, die sie schnell zu ihrer eigenen Epona schufen. Über die alte Religion wurde meines Erachtens viel Unsinn geschrieben. Die Bezeichnung meint eine Sache, wird aber von jedem anders interpretiert. Interessierten, die wirklich die Wahrheit über diesen alten Glauben erfahren wollen, kann ich die verläßlichen und kompetenten Untersuchungen von Lois Bourne oder Marian Green zu diesem Thema nahelegen. Auch Michael Howard mit seinem Buch *The Cauldron* ist hierzu ein wichtiger Gewährsmann.

Unsere Fragestellung lautet, wo die Berührungspunkte der keltischen Druiden und Barden mit diesem älteren Glauben liegen. In dunkler Vergangenheit muß es eine Schnittstelle gegeben haben, nach der sich die einzelnen Wege wieder trennten, denn vieles deutet auf einen gemeinsamen Ursprung hin. Manche Stämme der Becherkulturen schlugen dieselben Wege wie ihre keltischen Verwandten ein, wenn auch einige Jahrhunderte früher, und so wurden die Spuren früherer Wanderer von nachfolgenden Völkern wohl bemerkt und verarbeitet.

Das Grundprinzip der Göttin mit ihrer Gefolgschaft war weithin dasselbe. Zuweilen erschien sie in drei Gestalten, stellvertretend für die drei Phasen des Mondes, manchmal in einer Person, um zur gegebenen Zeit ihren König zu wählen. Die Kelten nahmen den alten Glauben der Britischen Inseln auf ihre spezifische Weise auf, um ihn in ihre eigenen Lehren und die zugehörige Mythologie zu integrieren. Vielleicht übernahmen die Druiden mehr vom esoterischen Gedankengut der alten Lehren und kombinierten es mit ihrem eigenen, wissenschaftlicheren Ansatz. Man muß auch Faktoren wie das Klima oder die Verfügbarkeit bestimmter Materialien berücksichtigen, um die kulturelle und religiöse Entwicklung eines Volkes angemessen beurteilen zu können. Sogenannte »primitive« Völker entwickelten mitunter Glaubenslehren von großer emotionaler Tiefe und Ausdruckskraft, ohne Kirchen oder reichverzierte Kultstätten zu errichten. Der materielle Wohlstand einer Kultur spricht noch lange nicht für eine hochentwickelte Ethik oder Spiritualität.

Trotz der monotheistischen Einflüsse, die bei den Kelten ab der Frühphase der Christianisierung zu beobachten sind, sollte man in einem Buch über die keltische Religion doch einige ihrer weiteren Götter aufführen. Ob es sich bei diesen nun um verschiedene Erscheinungen der Heiligen Fünf, Naturgottheiten, Namen vergangener Könige und Helden oder alte heidnische Überlieferungen handelt, ist unwesentlich. Weiterhin möchte ich noch erwähnen, daß meine Aufzählung nicht ganz vollständig sein kann, sondern sich auch auf die wesentlichen Namen beschränken wird.

Über die frühesten keltischen Götter weiß man nur wenig, denn die Stämme der megalithischen Epoche stellten ihre Gottheiten nicht immer in konkreter Form dar. Steine, Quellen und Flüsse waren angemessene und hinreichende Symbole für sie und repräsentierten die übernatürlichen Eigenschaften, für die sie verehrt wurden. Da aus der vorrömischen Geschichte keine menschlichen Darstellungen bekannt sind, nimmt man an, daß die Kelten dazu künstlerisch nicht in der Lage waren. Aus der Übergangsphase zwischen der späten Bronze- und der frühen Eisenzeit sind jedoch einige Kultfiguren erhalten, von denen manche Überlebensgröße erreichen. Auf der Grundestrop-Schale sind beispielsweise Cernunnos und Tarranis abgebildet.

Durch ihre imaginative Begabung verliehen die indogermanischen Kelten ihren Göttern äußere Erscheinungsformen, die man teilweise auch bei anderen Völkern wiederfindet. Cäsar berichtet, daß manche ihrer Gottheiten durchaus Merkur, Apollo oder Mars vergleichbar wären. Aesus oder Esus ist dem skandinavischen Asa oder persischen Ahura-Mazda, einem Gott des Lichtes, verwandt. Teutates, dessen Name sich aus einem keltischen Wort mit der Bedeutung »heldenhaft« ableitet, besitzt Eigenschaften wie Mars, und Taranus, ein Gott des Blitzes, ist dem Thor oder Jupiter vergleichbar (Taran bedeutet im Walisischen, Bretonischen und in der Sprache von Cornwall Blitzstrahl).[4]

Cäsar versuchte, die keltischen Götter in den römischen Glauben aufzunehmen, was im Fall der besiegten Gallier auch gelang. Merkur, der Erfinder der Künste, Schutzpatron des Handels, der Wege und der Reisenden sowie der Führer jener Geister, die schon zur »anderen« Welt aufgebrochen waren, wurde zum ersten der keltischen Götter erhoben. Seine Position ist der des ägyptischen Anubis vergleichbar. Apollo wurde zum keltischen Gott der Heilkunst ernannt, während Minerva für die Künste sowie das Handwerk zuständig war, Mars der Gott des Krieges wurde und Jupiter im Himmel herrschte.

Offensichtlich wollte Cäsar die wichtigsten Götter der Gallier nach dem Muster der fünf Grundtypen klassifizieren und sie mit römischen Namen versehen. Eine der bemerkenswertesten keltischen Gottheiten war seiner Ansicht nach Dis oder Pluto, der Herrscher der Unterwelt, von dem nach ihrer eigenen Überzeugung alle Kelten abstammten. Man sollte jedoch im Auge behalten, daß Cäsar seine Beobachtungen über den keltischen Glauben in Gallien machte, so daß beim Studium seiner Schriften wiederum Eigentümlichkeiten dieses Landes berücksichtigt werden müssen.

Insgesamt waren die Römer anderen Religionen gegenüber sehr aufgeschlossen und integrierten auch keltische Götter und Göttinnen wie Sul of Bath, die dann Aqua Sulis hieß, in ihren Glauben.

1. Thorsson, Edred, *Futhark,* S. 52.
2. Stone, Merlin, *The Paradise Papers,* S. 18.
3. Murray, Margaret A., *The God of the Witches,* S. 25.
4. Rolleston, T. W., S. 86.

12. Die Götter der Tuatha de Dannans

Kehren wir noch einmal zu den Namen der alten keltischen Götter zurück, wie sie uns von der Mythologie überliefert wurden, und beginnen mit den irischen.

Dagda

Seine Beinamen *Eochaid Ollathair* (der Vater aller) und *Ruad Rofhessa* (Träger des letzten Wissens) verraten schon, daß Dagda einer der wichtigsten Götter der irischen Kelten war. Er wurde zwar nicht als Stammvater angesehen, noch ist er im Besitz besonderer Fähigkeiten, aber er repräsentiert das väterliche Prinzip schlechthin. Sein Äußeres war abstoßend, denn er wird als großer, häßlicher Bauer beschrieben, der eine magische Keule trug. Sie war so mächtig, daß acht Männer sie gerade tragen konnten. Sie mußte auf Rädern transportiert werden. Wo man sie über den Boden schleifte, entstand eine Furche, so tief wie ein Gefechtsgraben. Unter dieser Keule wurden die Feinde seines Volkes zerdrückt wie Hagelkörner unter Pferdehufen. Mit einer Hand konnte er neun Männer auf einen Schlag töten und mit der anderen wieder zum Leben erwecken. Er war Herr über Leben und Tod.[1]

Sein füllhornartiger Kessel, der immer voll Essen war und von dem niemand hungrig zurückkehrte, bewährte sich in schweren Zeiten. Die Symbolik evoziert einen Führer und Gott, der auch als Ernährer seines Volkes fungierte. Zweifelsohne stammt die Beschreibung seines groben Äußeren von Gefolgsleuten, die ihn so furchtbar wie möglich machten, um feindliche Stämme abzuschrecken. Trotz der zerstörerischen und tödlichen Macht, die man ihm zuschrieb, war Dagda jedoch auch ein Meister der Musik und der Magie, wie man aus der Geschichte seiner berühmten Harfe ersehen kann.

Lugh

Da über diesen Gott schon einiges berichtet wurde, bleibt mir nur noch, über seine Ankunft zu erzählen. Als er sich

Tara vorstellte, um seine Dienste anzubieten, fragte der Türwächter nach seinen Fähigkeiten. Er antwortete, daß er Zimmermann sei.

»Aber wir haben in Luchta, dem Sohn von Luchad, schon einen hervorragenden Zimmermann«, erwiderte man ihm.

»Ich bin auch Schmied«, sagte Lugh.

»Auch einen solchen haben wir schon«, versicherte ihm die Wache.

»Dann will ich Kriegsdienst verrichten«, entgegnete Lugh.

»Dafür haben wir ebenfalls keine Verwendung, da sich Ogma darum sorgt«, war des Wächters Antwort.

So ging das Gespräch weiter, bis Lugh alle Künste und Beschäftigungen aufgezählt hatte, die er kannte; Dichter, Harfenspieler, Kleidermacher und so fort. Immer erhielt er zur Antwort, daß diese Posten schon von hochbefähigten Leuten besetzt waren, die im Dienste Nuadas standen.

»Dann frage deinen König, ob er schon einen Mann beschäftigt, der in allen Dingen, die ich nun aufgezählt habe, versiert ist. Wenn das zutrifft, werde ich aufbrechen und nie wieder an diesen Ort zurückkehren«, beharrte Lugh.

Daraufhin wurde er offiziell aufgenommen.[2]

Trotz der engen Verbindung Lughs zur Sonne, weist dieses Verhalten eher auf einen Typ hin, wie ihn Merkur darstellt, so daß sich in dieser Legende die Eigenschaften zweier Götter vereinen. Lugh kam aus dem »Land des Lebens« und brachte von dort viele magische Gaben mit. Darunter befanden sich das Schiff von Mananan, dem Sohn des Meeresgottes Lir, das »die Gedanken eines Mannes lesen konnte und imstande war, ihn überall hinzubringen, wohin er wollte«, sowie das Pferd von Mananan, welches »über Land und Wasser gehen konnte«, und schließlich ein schreckliches Schwert namens »Fragarach« (der Antwortende), das jedes Panzerhemd durchtrennte. Solcherart ausgerüstet, erschien Lugh vor den Führern der Dannans, denen zumute war, als ob sie »den Sonnenaufgang an einem trockenen Sommertag erblickten«. Lugh war auch der Vater von Cuchulain, Irlands größtem Helden. Im Gegensatz zur schweren Keule Dagdas, waren Lughs Waffen ein Speer und eine Schleuder von großer magischer Kraft. Da er von schlankerer Gestalt und edlerem Aussehen war, unterschied er sich auch in seinem Äußeren beträchtlich von Dagda. Obwohl man ihn zu den Dannans rechnet, weist sein Charakter doch deutlich milesianische Züge auf.

Angus Og

Angus Og (Angus, der Jüngere) war der Sohn von Dagda und Boanna. Sein Palast lag bei New Grange am Fluß. Vier glänzende Vögel mit leuchtendem Gefieder schwebten ständig über seinem Kopf. Ihr Gesang erfreute die Jugend, denn Angus Og war der Liebesgott der irischen Kelten und ein Schutzpatron aller, die von Cupidos Pfeilen getroffen wurden. Er erneuerte das Leben jener, die es wegen der Liebe aufgegeben hatten, und stand mit Jugend, Schönheit, Musik und allem Freundlichen in Verbindung. In seinen Gaben vereinigen sich die Eigenschaften von Aphrodite und Adonis, was Aufschluß über die Mentalität und Spiritualität der Kelten geben mag.

Len von Killarney

Len war der Bruder Dagdas und von Beruf Goldschmied. Er gab den Seen von Killarney ihre alten Namen, die einst als Locha Lein, die Seen von Len mit den vielen Hämmern, bekannt waren. Dort ging er seiner Arbeit nach, von Regenbogen und feurigem Tau umgeben.[3]

Midir der Stolze

Midir war ebenfalls ein Sohn Dagdas und wird in glühenden Worten als Inkarnation der Jugend von großer Schönheit, edlem Wuchs und freundlichem Gemüt beschrieben. Er erschien nur selten einigen Auserwählten. Sein Gewand war purpurfarben, sein Haar, das ihm bis zu den Schultern reichte, golden und seine Augen leuchtend grau. In einer Hand hielt er einen spitzen Speer, in der anderen einen

Schild, der aus Gold gearbeitet und mit Edelsteinen eingelegt war. Graves beschreibt ihn als gotischen Gott der Unterwelt, der in einem Schloß auf Mananans Insel lebte (der heutigen Isle of Man). Vor dem Tor standen drei Kraniche, deren Aufgabe es war, Reisende zu warnen. Die Kraniche erinnern auch an Artemis und waren noch zu Edwards Zeiten, wo sie oft auf Vasen und anderen Kunstgegenständen abgebildet wurden, Fruchtbarkeitssymbole.

Nuada mit der silbernen Hand

Nuada war der Hüter eines der Heiligtümer der Tuatha de Dannans, dem unbesiegbaren Schwert, welches im Kampf so große Kräfte entfachen konnte, daß kein Feind in der Lage war, ihm zu widerstehen. Seine Aufgabe läßt vermuten, daß er einer der ältesten irischen Götter war. Man berichtet, daß er in der zweiten Schlacht von Moytura getötet wurde.

Lir und Mananan

Lir war ein Meeresgott, der zuerst nur in abstrakter Form verehrt wurde, später jedoch eine bestimmte Gestalt annahm und, für niemanden sichtbar, in der Grafschaft Armagh lebte. Seine Attribute erinnern an die des Poseidon und wurden auf seinen Sohn Mananan, einen der bekanntesten Götter der irischen Mythologie, übertragen. Mananan wurde zum Herrn der Meere, jenseits der Regionen, wo das Land der Jugend und die Inseln der Toten liegen. Er war ein Meister der Gaukeleien und Illusionen, womit der Mythos wahrscheinlich zum Ausdruck bringen möchte, daß die menschlichen Emotionen, vom Element des Wassers dargestellt, unausweichlich Trug und schönem Schein verfallen sind.

Mananan war auch im Besitz verschiedener magischer Gegenstände. Das Boot »Ozeankreuzer« gehorchte beispielsweise dem Willen aller, die mit ihm fuhren, und brauchte weder Segel noch Steuer; mit dem Streitroß »Aonbarr« konnte man zu Lande und auf dem Wasser reisen; seinem Schwert konnte keine Rüstung widerstehen.

Es ist nicht genau überliefert, wie Mananan in den Besitz dieser Gaben Lughs kam. Schaumgekrönte Wellen nannte man seine Pferde, und in späteren Sagen war es dem Helden Cuchulain streng verboten, sie zu beobachten. Mananan trug einen riesigen Mantel, der jede beliebige Farbe annehmen konnte, und viele meinen gehört zu haben, wie er im Wind flatterte, als der erzürnte Gott umherschritt. Sein Thron stand auf der Isle of Man und gab der Insel ihren Namen.

Ogma

Der Name Ogma bedeutet »der Sieger«, »der mit dem Antlitz der Sonne« oder »der mit dem Löwenfell«. Neben seiner Tapferkeit im Kampf war er auch ein Gott des Lernens und Schreibens. Man sagt, daß er die nach ihm benannte Ogham-Schrift erfand.

Dana, Anu und Brigid

Dana wird von vielen als die größte aller irischen Göttinnen angesehen und ist als Mutter der irischen Götter bekannt. Des öfteren wird erwähnt, sie sei die Tochter Dagdas, was jedoch unwahrscheinlich ist, denn die Dannans gelten gemeinhin als die Kinder Danas, nicht Dagdas. Sie vertritt das weibliche Prinzip in der keltischen Mythologie.

Die einzigen Nachkommen Danas, welche die Überlieferung erwähnt, sind Brian, Iuchar und Iucharba, die wiederum gemeinsam eine dreigestaltige Gottheit bilden. Der Name Brian stammt von dem älteren Word *Brenos* ab. So hieß der Gott, welchem die Kelten ihre Siege von Allia und Delphi zuschrieben und von dem die Römer fälschlicherweise annahmen, daß er ein keltischer Feldherr gewesen sei.[4]

Dana wird des öfteren mit zwei anderen Göttinnen verwechselt: ihrer vermutlichen Tochter Brigid und Anu. Im Zusammenhang der dreigestaltigen Gottheit vertrat sie die mütterliche Rolle, Brigid die Jungfrau und Anu die Greisin. Graves hingegen stellt die matriarchalische Einheit aus Ana, Babh und Macha dar. Brigid ist bei weitem die stärkste und duldsamste der großen irischen Göttinnen, und es spricht für sich, daß sie heute noch populär ist. Dana und Brigid galten als sehr freigebig und erfreuten sich beim einfachen Volk großer Beliebtheit. Brigid war auch die Schutzherrin der Künste und kulturellen Güter, was sie der griechischen Athene gleichsetzt.

Die Morrigan

Sie wird besonders von Graves als eine der destruktiven Inkarnationen der dreigestaltigen Göttin beurteilt. Sie erscheint als Kriegsgöttin und Verführerin mit deutlich perversem Einschlag und, so wie Circe oder Kali, hellseherischen Fähigkeiten. Vor allem Helden gegenüber kann sie auch ein freundliches Aussehen annehmen. Feinde fürchteten sie, bei ihren Freunden war sie jedoch beliebt.

Ainé

Die Schutzherrin des Münsters Ainé war die Tochter Owels, des Druiden und Pflegesohns Mananans. Sie war die Göttin des Getreides, aber auch von Fruchtbarkeit und Liebe. Ihr Kult bestand noch viele Jahre neben dem christlichen Advent. Besonders die irischen Bauern banden Fakkeln aus Heu und Stroh, die sie entzündeten und nachts um ihre Hügel trugen. Dann verteilten sie sich über ihre Felder und Weiden, schwenkten die Fackeln über Vieh und Pflanzen und baten um eine glückliche Ernte. Eine Legende berichtet, wie man eines Nachts die Zeremonie wegen des Todes eines Nachbarn unterließ. Als die Bauern jedoch auf die heilige Stätte blickten, sahen sie eine Vielzahl gespenstisch brennender Fackeln, die von Ainé angeführt wurden, um den Hügel tanzen. Es gibt noch viele weitere Geistergeschichten, die sich um diese Göttin drehen. Meist erschreckt sie die ansässigen Bauern jedoch weniger, als sie ihnen Gutes tut und sie in ihrem Glauben bestärkt.

Sinend

Sinend, die Tochter von Lirs Sohn Lodan, besuchte des öfteren eine Quelle im Feenreich, von der ein Barde berichtet, »daß an ihr die Nüsse der Wissenschaft, Dichtkunst, Inspiration und Weisheit wachsen. In derselben Stunde brechen alle Schalen auf. Die Früchte fallen gleichzeitig auf das Wasser und erheben sich dort in Form einer purpurnen Welle.«[5] Wir erfahren nicht, welche Sünde Sinend bei ihrem Besuch an der Quelle beging, aber die erzürnten Wassermassen erhoben sich, um sie zu überschwemmen und an die Ufer des Shannon zu tragen, wo sie starb und diesem Fluß seinen Namen gab.

Dem Mythos von den Früchten von Weisheit und Inspiration und dem Bezug zu frischem Quellwasser begegnet man des öfteren in irischen Legenden. In der Geschichte von Sinend kommt auch die keltische Liebe zu Dichtkunst und Wissenschaft zum Ausdruck. Gleichzeitig wird aber klargestellt, daß eine Beschäftigung mit den schönen Dingen auch gewisse Risiken birgt. Wissen ohne Weisheit ist immer gefährlich, wie man heute noch unschwer beobachten kann.

Macha

Macha gilt gemeinhin als Nachkomme einer Göttin, die schon im vorkeltischen Irland verehrt wurde. In den Mythen ist sie die Frau mehr als eines Unsterblichen, Helden oder Königs. Eine bekannte Geschichte erzählt, wie sie als Schwangere gezwungen wurde, gegen die Pferde von Conchobar bei Emain Macha ein Wettrennen zu reiten. Sie gewann, starb dann aber, als sie einem Zwillingspaar das Leben schenkte. In der Stunde ihres Todes sprach sie über die Krieger von Ulster einen Fluch, nach dem diese neun Generationen lang die Schmerzen der Wehen für fünf Tage und vier Nächte ertragen mußten.

Man nimmt an, daß die Erzählung auf ein bestimmtes Ritual verweist. Mir kommt dazu auch die Geschichte von Apollos und Artemis' Geburt in den Sinn. Ihre Mutter Leto mußte während neun Tagen und Nächten furchtbare Leiden ertragen, bevor Iris schließlich die Erlaubnis bekam, Ilythia vom Olymp zu schicken, um sie zu erlösen. Man kann mutmaßen, welche Version zuerst entstand.

Unbedeutende Götter

Unbedeutendere Götter wie der heilkundige Diancecht, die Waldgöttin Flidais sowie Gobnui, der Schmied und Brauer, gelten auch als unsterblich. Die Berichte von ihren Taten sind jedoch zu kurz und ihre Positionen eher zweitrangig, so daß sie neben den Hauptgöttern nicht eigens erwähnt werden müssen.

Ursprünglich hatte ich vor, einen Stammbaum der Dannans aufzustellen. Im Gegensatz zu den Geschlechtern von Dōn und Llyr sind die Informationen zu diesem Stamm jedoch unvollständig, so daß ich mich mit einigen kürzeren Beschreibungen begnügen mußte. Zur weiteren Beschäftigung mit diesem Thema möchte ich den interessierten Leser auf die Bibliographie, darunter besonders das Buch Rollestons, verweisen.

1. Larousse, S. 237.
2. Rolleston, S. 112.
3. Ebd., S. 123.
4. Ebd., S. 126.
5. Ebd., S. 129.

13. Die Geschlechter von Dôn und Llyr

Der Umstand, daß viele walisische Gottheiten denen des irischen Pantheons entsprechen, wurde von einigen Gelehrten durch den Einfluß irischer Siedler in Wales statt durch die Theorie einer gemeinsamen Wurzel begründet. In den Mythen anderer Länder ergeben sich jedoch zu viele Parallelen, um sie durch ein solch zufälliges Zusammentreffen erklären zu können.

Die beiden großen Geschlechter von Dôn und Llyr wurden vereinigt, als Dôns Tochter Penardun den Meeresgott Llyr heiratete.

Dies hatte offenbar auch die Verbindung von zwei Glaubenshaltungen zur Folge, wovon die eine wahrscheinlich älter war. In diesen beiden Götterhimmeln gibt es einige bemerkenswerte Figuren; die interessantesten unter ihnen sind:

Gwydion

Dieser heldenhafte Gott war zweifellos mehr als ein bloßer Überrest irgendeines ursprünglichen Volksglaubens. Sein Wesen und seine Taten sind jedoch derart komplex und umfangreich, daß ich ihnen in einer kurzen Zusammenfassung kaum gerecht werden kann. Gwydion, Gott des Wissens und des Lichtes, erschlug Pryderi, den Sohn des Pwyll, dem Herrn der Unterwelt, und der Göttin Rhiannon.

Sein Triumph über Pryderi, der mit dem Diebstahl einer dessen Schweineherden seinen Anfang nahm, gelang nur durch den Einsatz magischer Mittel und wurde darum als unredlich angesehen. So wurde ihm von Math eine Reihe harter Bußen auferlegt, die an jene Strafen erinnern, welche in der griechischen Mythologie von Zeus verhängt wurden. Die esoterische Botschaft dieser Legende besagt, daß derjenige, der über okkulte Gaben verfügt, dem kosmischen Gesetz unterworfen wird, wenn er aus ihnen einen unbilligen Vorteil gegenüber seinen weniger befähigten Gefolgsleuten zieht.

Dôn

Die Mutter-Göttin eines offensichtlich matriarchalischen Pantheons. Wenngleich ihr Ehemann Mâth unter seinen häufig ungefügigen Kindern Recht sprach, wurden sie vornehmlich ihr zugeordnet und trugen ihren Namen.

Mâth

Mâth war der Gott des Besitzes und der Bereicherung, ähnlich wie der griechische Gott Hades oder Dis Pater. Obgleich Mâth nicht als Unterweltsgott von der Bedeutung eines Pwyll oder Pryderi beschrieben wird, deutet seine Verbindung zum Monetären in diese Richtung. Es ist interessant zu sehen, wie Götter der Unterwelt im wesentlichen mit dem Besitz und Erwerb von materiellen Gütern assoziiert werden; die naheliegende Schlußfolgerung ist, daß wir für alles, was wir als Vorzug im Diesseits erlangen, in anderen zeitlichen Bezirken oder Ebenen des Karmas einmal bezahlen müssen.

Larousse merkt an, wie viele von Dôns Kindern astralen Konstellationen oder Phänomenen ihren Namen gaben, und nennt einige Beispiele: Cassiopeia – Llys Dôn (der Hof der Dôn); die Milchstraße – Caer Gwydion und Corona Borealis – Caer Arianrod.

Llew

Llew, der Sonnengott unter Dôns Kindern, entspricht dem irischen Lugh. Sein voller Name war Llew Llaw Gyffes. Er wurde zwar von der Göttin Arianrod geboren, jedoch seit frühester Jugend von Gwydion großgezogen, obwohl dieser nicht sein Vater war – eine Parallele zur Geschichte von Merlin/Artus.

Arianrod

Arianrod, die Göttin der Dämmerung, deren Name angeblich »Silberkreis« bedeutet, hat offenkundig lunare Nebenbedeutungen, ihr Sohn Dylan war ein bedeutender Seegott. Ihr zweiter berühmter Sohn war Llew, der ihr durch

Gwydion im Kindesalter genommen wurde, was sinnbild-
lich für das Weichen des Mond- oder Göttinnenkultes vor
der zunehmenden solaren Betonung steht, zweifellos be-
wirkt durch den Widerpart der Vernunft (Gwydion) zur
weiblichen Gabe der Intuition (anima).

Gwyn ap Nudd

Gwyn, der Wächter des Hades, entspricht Herne, dem
Jäger der Nacht, der – wie der norwegische Gott Ullr –
seine Beute stets vor Anbruch der Dämmerung fängt. Wär-
ter dunkler Pforten oder jene Götter, die, wie der ägyptische Anubis, das Wegerecht der Unterwelt besitzen, ver-
sinnbildlichen eine unmißverständliche okkulte Lehre. Sie
bezieht sich auf die Notwendigkeit für den Einzuweihenden, die Mächte der Schattenreiche zu überwinden, bevor
er sich den Orten des Lichts nähern kann. Es ist natürlich
ein Trugschluß, dies als Freischein des Hedonismus zu deuten, denn Initiation bedeutet etwas völlig anderes. Die
Episode zwischen Gwydion und Pryderi birgt die Antwort
schon zum Teil in sich. (Der Archetypus des »Jägers« ist
ebenfalls höchst bedeutsam, und ich habe dieses Thema
am Beispiel der Artemis in meinem Buch *Practical Greek
Magic* detailliert behandelt.)
  Wie man aus dem Schaubild (rechts) ersehen kann, vermischen sich auch die Taten von anderen Kindern der Dôn
mit denen der schon Genannten. Das gilt beispielsweise
für Gwydions Bruder Gilvaethwy, der ihn noch vor dem
Untergang des Pryderi auf seiner Fahrt durch die Unterwelt begleitete. Die mutmaßlichen Schlußfolgerungen
sind aus dem Schaubild ersichtlich.
  Die Götter aus dem Geschlecht der Llyr erscheinen
etwas menschenähnlicher; die Tatsache, daß sie zur Familie Llyrs gerechnet werden, bestätigt den patriarchalischen
Charakter dieses Pantheons.

Llyr und Manawyddan

Dieser altehrwürdige Meeresgott scheint – wie sein irischer Gegenpart, den Hauptteil seiner Gaben seinem

Die Götter aus dem Geschlecht der Dôn

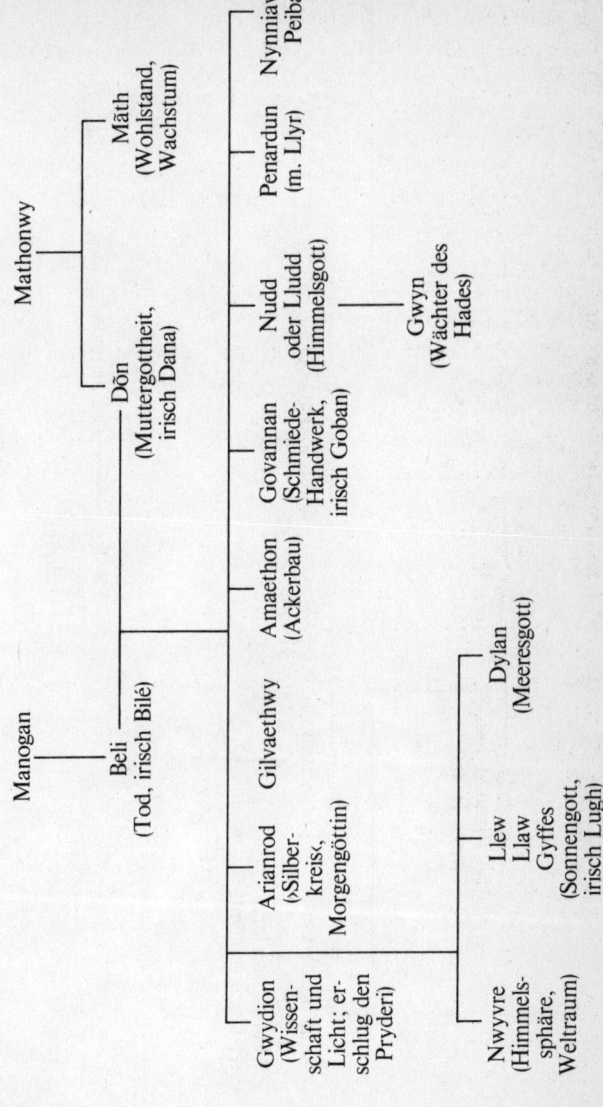

Die Götter aus dem Geschlecht des Llyr

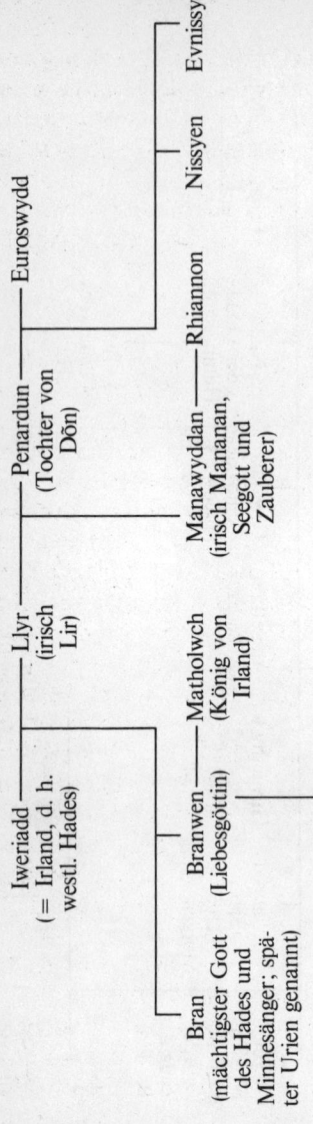

Iweriadd
(= Irland, d. h. westl. Hades) — Llyr (irisch Lir) — Penardun (Tochter von Dôn) — Euroswydd

Bran (mächtigster Gott des Hades und Minnesänger; später Urien genannt)

Branwen (Liebesgöttin) — Matholwch (König von Irland)

Gwern

Manawyddan (irisch Mananan, Seegott und Zauberer) — Rhiannon

Nissyen

Evnissyen

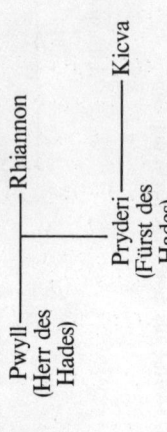

Pwyll (Herr des Hades) — Rhiannon

Pryderi (Fürst des Hades) — Kicva

Sohn Manawyddan überlassen zu haben, einer nautischen Gottheit der Verzauberung, der später die Pferdegöttin Rhiannon heiratete. Immer wieder trifft man auf diese Verbindung zwischen dem Pferd und dem Meer, die in derart vielen Mythologien vorkommt, daß sie kaum ein bloßer Zufall sein kann. Einer späteren Legende zufolge wurde Manawyddan von Casswallawn, einem anderen Sohn Belis, überwältigt, der gleichfalls Magier war und, wie der griechische Hades, einen unsichtbar machenden Umhang besaß.

Rhiannon

Rhiannon heiratete zwar gemäß der Sage später Manawyddan, ihr erster Ehemann aber war Pwyll, der Herr der Unterwelt. Dieser wünschte sich einen Erben, und als kein Kind aus der Ehe hervorging, eröffnete er Rhiannon, daß er nach einer anderen Braut suchen werde. Rhiannon bat ihn jedoch, ihr ein weiteres Jahr Frist zu gewähren, und wurde tatsächlich binnen dieser Zeit schwanger. Sechs Ammen standen der Göttin bei, die in den frühen Morgenstunden gebären sollte. Die Nacht jedoch war endlos und voll von Qualen, und so überkam die Ammen schließlich allesamt der Schlaf, und auch Rhiannon schlief ein, nachdem sie unter großer Anstrengung einen Sohn geboren hatte. Als die Ammen erwachten, fanden sie jedoch kein Kind vor. Da sie wußten, wie sehr durch ihre Nachlässigkeit der Zorn Pwylls entfacht würde, dachten sie sich eine List aus; sie töteten das Junge einer Hündin, die gerade geworfen hatte, legten seine Knochen zur schlafenden Rhiannon und beschmierten ihr Gesicht mit dem Blut, so daß sie ihr, als sie erwachte und nach ihrem Kind fragte, erzählen konnten, sie hätte es verschlungen.

Diese Unwahrheit wurde Pwyll vorgetragen und von allen sechs Dienerinnen beschworen. Pwyll jedoch schickte Rhiannon nicht fort, sondern zog es vor, ihr eine Strafe aufzuerlegen. Sie mußte sich jeden Tag an das Tor des Schlosses setzen, jedem vorbeikommenden Fremden die Geschichte erzählen und ihm anbieten, ihn auf ihrem

Rücken ins Schloß zu tragen: Das tat sie ein halbes Jahr lang.

Es ist eine bemerkenswerte Geschichte, wie Rhiannon schließlich Gerechtigkeit widerfuhr, denn sie führt uns zurück zu jenem alten keltischen Pferdekult. In dieser Zeit lebte ein Mann namens Tiernyon of Gwent Is Coed, der eine wunderbare Stute besaß. Obwohl das Tier in jeder ersten Mainacht fohlte, verschwand das Junge jedesmal auf mysteriöse Weise. Tiernyon entschloß sich letztlich, der Sache auf den Grund zu gehen, und als die Stute in der nächsten Mainacht wieder ein Fohlen trug, bewaffnete er sich und verbarg sich im Stall, um zu sehen, was geschehen würde. Das Pferd fohlte, wie gewohnt, doch kaum hatte Tiernyon den Wuchs und die Schönheit des Jungen bewundert, hörte er draußen ein merkwürdiges Geräusch, dann streckte sich ein Arm durch das Fenster und packte das Fohlen mit seinen Klauen. Tiernyon hieb sofort mit seinem Schwert auf den drohenden Arm und trennte ihn am Ellbogen ab, so daß er in den Stall fiel, noch immer seine Beute umkrallend, während draußen ein lautes Wehklagen erklang. Er stürzte hinaus, um zu sehen, was vor sich ging, aber dort war nur die Dunkelheit, der Angreifer war wie vom Erdboden verschluckt. Als er in den Stall zurückkehrte, fand er zu seinem Entzücken einen Knaben, der gewindelt und in einen seidenen Mantel gehüllt war. Er hob den Säugling auf und brachte ihn zu seiner schlafenden Frau, die selbst kinderlos war.

Als sie am nächsten Morgen erwachte und den Knaben erblickte, war er ihr sofort ans Herz gewachsen, und sie entschied sich dafür, ihn aufzuziehen und vor ihren Freunden als ihren Sohn auszugeben. Sie nannten das Kind »Gwri mit den goldenen Haaren«, weil sein Haar die Farbe von Gelbgold hatte. Wie alle Heldenfiguren wuchs das Kind wundersam rasch heran und war bald in der Lage, das Fohlen zu reiten, das in derselben Nacht wie es selbst zur Welt gekommen war.

Eines Tages kam Tiernyon die Geschichte von Rhiannon und ihrer Strafe zu Ohren, und als er den Jungen, den er großzog, prüfend ansah, bemerkte er, wie ähnlich seine Gesichtszüge denen Pwylls waren, des Prinzen von Dyfed. Nachdem er sich mit seiner Frau besprochen hatte, beschlossen sie, das Kind zu seinem Vater zu bringen und Rhiannon von ihrer Pein zu befreien. Als sie sich dem Schloß näherten, sahen sie Rhiannon bei den Pferdeställen sitzen und demütig ihrer entwürdigenden Bestrafung nachkommen. »Ich werde euch beide in den Palast tragen, wie ich es versprochen habe«, sagte Rhiannon zu ihnen, aber sie lehnten ab. Nachdem sie Pwyll und Rhiannon die Geschichte des Jungen und des Fohlens dargelegt hatten, rief Tiernyon aus: »Seht, Herrin, hier ist Euer Sohn, und wer immer diese Lüge über Euch erzählt hat, tat Euch unrecht«. Alle, die den Knaben betrachteten, erkannten sofort den Sohn Pwylls in ihm, woraufhin Rhiannon ausrief: »Bei Gott, wenn dies wahr ist, dann haben meine Leiden endlich ein Ende«. Ein Heerführer namens Pendaran, der in der Nähe stand, sagte zu ihr: »So sollst du deinem Sohn den Namen Pryderi (Kummer) geben, und wohl anstehen wird ihm dieser Name: Pryderi, Sohn des Pwyll, Herr von Annwn.« Und von da an wurde er ebenso genannt.[1]

Aus dem Vorangehenden können wir die Vermutung ableiten, daß es eine Zeit gegeben hat, in welcher die Anhänger des Pferdekultes schlecht behandelt oder gar verfolgt wurden. In der Folge dessen, was als übernatürliches Ereignis oder Zauber angesehen wurde, war der Glaube in die Lauterkeit der Göttin jedoch wiederhergestellt, und die Menschen wendeten sich ihr erneut zu. Dies würde auch mit ihrer späteren Verbindung zu Manawyddan übereinstimmen, wohingegen die Ehe mit Pwyll zweifellos einen kummervollen Lebensabschnitt für sie bedeutete, während dessen ihr Kult in die Unterwelt verbannt wurde, bis er durch die Zauberkünste Manawyddans zu einem späteren Zeitpunkt wiedereingesetzt wurde.

Bran und Branwen

Die Sage dieser beiden Figuren verdient zweifellos Erwähnung, denn sie ist durch und durch britisch und beschwört von daher auch den keltischen Patriotismus, der mit dem Artus-Zyklus verknüpft ist.

Bran der Gesegnete, ein gewaltiger Riese, war zum König der Insel der Mächtigen (Britannien) gekrönt worden. Er residierte in Harlech, gemeinsam mit seinem Bruder Manawyddan, seiner Schwester Branwen sowie Nissyen und Evnissyen, den beiden Söhnen, die seine Mutter Penardun dem Euroswydd geboren hatte. Eines Tages schaute er aufs Meer hinaus und bemerkte die Ankunft dreizehn irischer Schiffe. Matholwych, König von Irland, war offensichtlich gekommen, weil er um Branwens Hand anhalten wollte, so daß die beiden Länder sich zu einer großen Macht hätten zusammenschließen können. Der Ire wurde gastfreundlich aufgenommen, und nachdem Bren sich mit seinen Lehnsherren beraten hatte, gab er seine Zustimmung zur Ehe seiner Schwester. So wurde die Hochzeit vorbereitet, und die beiden wurden vermählt.

Die folgende Sage handelt vom Verrat Evnissyens, der, anders als sein wohlerzogener und ehrenhafter Bruder, ein streitsüchtiger Mensch war und nichts im Sinn hatte, als andere gegeneinander auszuspielen. Man würde mehr als ein Kapitel benötigen, um das ganze Unheil zu beschreiben, das Evnissyen zwischen dem irischen König und seinen britischen Gastgebern anrichtete, so daß Bran schließlich gezwungen war, Matholwych als Entschädigung für die Untaten seines Verwandten seinen magischen Kessel zu überlassen. Ich will die Einzelheiten überspringen und die Sage an dem Punkt aufgreifen, wo es zu einer Schlacht zwischen Bran und seinem Gefolge und der Armee des irischen Königs kam. Matholwych erhitzte den magischen Kessel, um die toten Körper seiner gefallenen Soldaten hineinzuwerfen, so daß sie am Tag darauf gesund und kampfbereit, jedoch stumm, wiederauferstanden. Als Evnissyen erkannte, in welche argen Schwierigkeiten er die Briten gebracht hatte, wurde er so von Gewissensbissen geplagt, daß er sich selbst unter die irischen Gefallenen legte und am Ende des zweiten Schlachttages mit ihnen in den Kessel geworfen wurde. Als er darin war, streckte er sich so sehr, daß der magische Kessel in vier Teile zersprang und der böse Zauber brach. Für Evnissyen jedoch war die Anstrengung so groß gewesen, daß er starb.

Die Iren wurden schließlich sämtlich erschlagen, und nur sieben Briten und der Riese Bran überlebten. Da er ernstlich verwundet worden war, befahl er diesen, seinen Kopf abzuschlagen, und sprach:

Nehmt meinen Kopf mit nach London und begrabt ihn dort im »Weißen Berg« (wo heute der Tower von London steht), den Blick nach Frankreich gerichtet, und solange er dort ist, wird kein Fremder in das Land einfallen. Auf dem Weg dorthin wird der Kopf mit euch sprechen und ebenso liebenswürdig sein, wie er es zu Lebzeiten war. In Harlech werdet ihr sieben Jahre lang feiern, und die Vögel der Rhiannon werden für euch singen. Und bei Gwales in Penvro werdet ihr vier weitere Jahre feiern, und der Kopf wird mit euch sprechen und unverdorben sein, bis ihr die Tür öffnen und Richtung Cornwall schauen werdet. Von da an werdet ihr euch nicht länger aufhalten, sondern nach London weiterziehen und den Kopf begraben …

Die sieben Briten schlugen Brans Kopf ab und zogen mit Branwen fort, um zu erfüllen, worum er sie gebeten hatte.[2]

Branwen starb schließlich aus Gram über die schlimmen Ereignisse, die mit ihrer Hochzeit verbunden waren. Der Kopf wurde wie angeordnet bestattet und ruhte so, bis Artus ihn ausgraben ließ, denn »er würde das Land nicht anders als durch die Kraft des Schwertes verteidigen«. Es gibt zahllose Geschichten über Brans sprechenden Kopf, und viele Prophezeiungen werden ihm zugeschrieben. In ihrer ursprünglichen und ungekürzten Form nimmt die ganze Erzählung jedoch die Gestalt eines Märchens an. Der magische Kessel erinnert an jenen von Dagda, während die ungeheure Körpergröße Brans ganz den Giganten und Titanen vieler anderer Mythen entspricht. Ebenso wie der Dagda war auch Bran ein begnadeter Harfenspieler und Dichter und besaß eine wunderbare Stimme. Brans Liebe zu seinem Vaterland vervollkommnete sich in der schließlichen Aufopferung seines Lebens zum Schutz seines Volkes: das Ideal des sterbenden Königs, der aus freien Stücken seinen Tod für das Wohlergehen seiner Untertanen in Kauf nimmt.

Zu den seltsamsten und verblüffendsten Zügen dieser Mythen gehört wohl die Sterblichkeit dieser sogenannten »Unsterblichen«. Damit kann nichts anderes ausgedrückt sein, als daß diese Kulte letztlich von neu aufkommenden und stärkeren Glaubensinhalten abgelöst wurden, vor allem dem Christentum, das diesen »Unsterblichen« den »Todesstoß« versetzte – paradox, in der Tat! Aber nichts ist jemals gänzlich vernichtet, wie uns die Wissenschaft nur zu gerne belehrt. Es ändert nur seine Frequenz oder verliert seine Wirksamkeit, wie die Energie eingefrorener Materie. Es gibt die alten Götter noch immer, wenngleich sie unter ihren Grabmalen liegen, denn in der letzten Wahrheit der Zeitlosigkeit, im Licht des kosmischen Gesetzes werden alle gleich sein.

1. Rolleston, T. W., *Myths and Legends of the Celtic Race,* S. 365.
2. Ebd., S. 371.

14. Die Artus-Sage

Der große Artus schläft noch,
all seine Krieger um ihn versammelt,
das Schwert stets in der Hand.
Wenn es Tag wird über Cambry,
wird der große Artus wieder losziehen
und sein Leben zu ihrem Wohle einsetzen.[1]

Die meisten Leser dieses Buches werden, seinem Titel gemäß, in magische und okkulte Dinge eingeweiht sein und demnach auch mit der Legende von König Artus vertraut sein. Für diejenigen jedoch, die lediglich von allem Keltischen fasziniert sind und vielleicht nicht die Zeit hatten, sich in die Menge diesbezüglicher Literatur einzulesen, fasse ich die wesentlichen Fakten zusammen.

Viele Leute malen sich zu König Artus eine Art Hollywood-Panorama aus, vor dessen Hintergrund sich die Taten eines heldenhaften und ritterlichen britischen Königs abspielen, der irgendwann im sechsten Jahrhundert n. Chr. lebte, umgeben von tugendhaften Rittern, die sich um einen runden Tisch versammelten und eine Menge Zeit mit der Suche nach dem Heiligen Gral verbrachten. Nach allem, was in diesem Buch bereits gesagt wurde, hat es damit jedoch offensichtlich sehr viel mehr auf sich.

Der bedeutsame walisische Historiker und Gelehrte Sir John Rhys erwähnt im Vorwort zu dem Buch *Le Morte D'Arthur,* daß in den *Annales Cambriae* (datiert 537 n. Chr.), einem der ältesten verfügbaren Dokumente Britanniens, zwar auf einen »Artus« Bezug genommen wird, der allerdings nicht König war, wenngleich er das Kreuz als sein Symbol bezeichnet und synonym »heiliger Georg« genannt wird. Das *Buch von Talliesin* bezeichnet ihn auch als »Imperator Defectu Oraculorum« und legt dar, daß druidische Priester ihm regelmäßig dienten und weissagten.

Rolleston dagegen teilt uns mit, daß die erste bekannte Erwähnung Artus' im Werk des britischen Historikers Nennius zu finden ist, der seine *Historia Britonum* um 800

n. Chr. schrieb. Seine Glaubwürdigkeit wurde von vielen Quellen, einschließlich antiker Monumente, abgeleitet, außerdem von einigen Mythen, die wir bereits untersucht haben, sowie von romanischen Annalen und den Chroniken der Heiligen, vor allem Germanicus. Von daher rührt seine stark romanisierte und christianisierte Sicht der britischen Geschichte, der zufolge die Briten von trojanischen bzw. romanischen Vorfahren abstammen. Sein Bericht über Artus jedoch ist eher kurz und beiläufig. Gemäß Nennius lebte Artus im sechsten Jahrhundert n. Chr. und war kein König, sondern von weit weniger edler Abstammung als viele andere britische Feldherren, die ihn wegen seiner großen Begabung als »Imperator« oder »Dux bellorum« zu ihrem Anführer wählten. Er führte die Briten gegen die Angelsachsen und besiegte sie in zwölf Schlachten, deren letzte bei Mount Badon geschlagen wurde.[2]

Geoffrey von Monmouth, der eigentlich Grufyd ab Arthur, Bischof von St. Asaph, hieß, war der nächste, der sich mit der Artus-Legende befaßte. Seine *Historia Regum Britanniae* schrieb er im frühen zwölften Jahrhundert. Rolleston schreibt über diese Arbeit: »Ein mutiger Versuch, nüchterne Geschichte aus einer Masse von mythischem und legendärem Stoff zu machen; diesen kannte er, wenn wir ihm glauben wollen, aus einer alten Schrift, die ihm sein Onkel, Walter Mapes, Archidiakon von Oxford, aus der Bretagne mitgebracht hatte.« (Den Bezug zur Bretagne haben wir bereits in Kapitel 6 festgestellt.) Es hat den Anschein, als ob Geoffrey dieses ausdrücklich schrieb, um der Heldentaten Artus' zu gedenken, von dessen Wesen er offensichtlich sehr eingenommen war.

Dieses Bild Artus' zeichnete ihn also als König, dessen Hof sich in Caerleon-on-Usk befand. Er war der Sohn von Igerna, der Frau von Gorlos, dem Herzog von Cornwall, und einem gewissen Uther Pendragon, der, unter Beihilfe von Merlins Zauberkräften, in der Verkleidung ihres Gatten Zutritt zu ihr erlangt hatte. (Dies entspricht der Sage von Zeus, der, in der Maske Amphytrions, mit dessen Frau schlief und dabei Herkules zeugte.)

Der »rote Drache« wurde schon immer mit dem britischen Volk assoziiert. Uther trug ihn als Helmschmuck und gab sich den Beinamen »Pendragon«, was soviel bedeutet wie Heerführer oder großer Drache. Einige angesehene Gelehrte neigen jedoch eher dazu, Uther als eine fiktive Wiedergabe des alten keltischen Gottes Beli anzusehen.

Geoffrey datiert den Beginn von Artus' Regentschaft auf das Jahr 505 n. Chr., gibt die angelsächsischen Kriege wieder und fügt hinzu, daß Artus schließlich Irland, Norwegen, Gallien sowie das gesamte Britannien eroberte, während er zugleich der römischen Forderung nach Tributen und Huldigung widerstand. Das alles klingt zweifelsohne recht phantastisch, wenn man es im Licht der nüchternen historischen Fakten betrachtet.[3]

Aber die Legende geht noch weiter: Während Artus ständig auf dem Kontinent seinen Kampf gegen die Römer ausfocht, bemächtigte sich sein Neffe Mordred der Königskrone und heiratete Artus' Frau Guanhumara (Guinevere). Sobald als möglich kehrte Artus zurück, stellte seinen Gegner bei Winchester und erschlug ihn schließlich in der letzten Schlacht von Cornwall, wobei er selbst jedoch von diesem schwer verwundet wurde (542 n. Chr.). Die Königin trat daraufhin in ein Kloster bei Caerleon ein.

Vor seinem Tod übergab Artus das Königreich seinem Gefolgsmann Constantine und wurde dann auf mysteriöse Weise auf die »Insel von Avalon« gebracht, wo man ihn mumifizierte und zur letzten Ruhe bettete. (Die Parallele zum ägyptischen Mythos von Osiris, der während seiner Abwesenheit von seinem Bruder Set entmachtet wurde, ist wirklich verblüffend.)

Geoffrey erwähnt auch Artus' magisches Schwert »Caliburn« (walisisch »Caladvwlch«), das später unter dem Namen »Excalibur« bekannt wurde. Es ist ihm zufolge in Avalon hergestellt worden, wobei er jedoch erkennen läßt, daß es aus dem »Fairyland«, dem »Land der Toten«, stammte. Erst später wurde Avalon mit einem bestimmten geographischen Ort in Britannien identifiziert (Glastonbury). In Geoffreys Darlegung wird weder eine Tafelrunde

111

noch ein Heiliger Gral oder Sir Lancelot erwähnt, und auch mythologische Elemente kommen, mit Ausnahme der Sage um Avalon, nicht vor. Wie Nennius führt auch Geoffrey Britannien auf völlig unrealistische antike Wurzeln zurück, was die ganze Schilderung fragwürdig werden läßt.[4]

Lewis Spence legt dar, daß das Werk Geoffreys zunächst auf walisisch geschrieben, dann ins Lateinische übersetzt und schließlich ins »Kymraeg« zurückübersetzt wurde. Von daher erklären sich die stofflichen Unterschiede zwischen Nennius' Schriften und den kymrischen Chroniken. Als Artus' Residenz wird Caerlon-on-Usk angegeben, in britischen Quellen Cornwall. Auch einige Details von Artus' Schlachten gegen die Römer scheinen in einheimischen Legenden völlig zu fehlen. Wenngleich Spence die Lücken in der Artus-Sage in seinem Buch *The Mabinogion* erklärt, enthält Jeffrey Gantzes Übersetzung auch die Erzählungen »Wie Culhwch Olwen gewann«, »Rhonabwys Traum«, »Owein, Gräfin der Quelle«, »Peredur, Sohn des Evrawg« und »Erec und Enid«, wobei jede Geschichte sich vor dem Hintergrund eines stets leicht veränderten Artushofes abspielt.

Wie andere Autoren auch, hält Gantz den bretonischen Einfluß für unleugbar.

Geoffrey ist auch der Autor der *Vita Merlini* (Prophezeiungen Merlins), allerdings merkt Spence an, daß nicht ein einziges Wort davon in einem seiner Werke über druidische Praktiken Erwähnung findet. Er nennt Merlin beispielsweise auch den »Rex erat et vates« (König und Prophet), aber gemäß Spence ist ohne einen Vergleich mit der walisischen Version nicht zu klären, von welchem Wort die Bezeichnung »vates« übersetzt wurde.

Spence lenkt jedoch unsere Aufmerksamkeit auf gewisse okkulte Verfahren, die von Geoffrey genannt werden und auch einen Hinweis auf magische Praktiken im »Tempel der Minerva« enthalten, die sich mit manchen druidischen Bräuchen decken.

Schließlich kommt noch ein gewisser König Leir mit ins

Spiel, der sein Königreich zwischen seinen drei Töchtern aufteilte. Die Art seiner Beisetzung, in einem Grab unter dem Fluß Soar/Leicester, »das ursprünglich zu Ehren des Gottes Janus unterirdisch angelegt worden war«, läßt untrüglich auf den alten Meeresgott Llyr schließen, die drei Töchter auf die dreifaltige Gottheit und Janus auf den Riesen Bran, den Gesegneten, dessen dreigesichtiger Kopf, wie der des doppelgesichtigen römischen Janus, magische Fähigkeiten besaß.[5] Leicester war in jedem Fall Llyrs Stadt, wie wir es bereits dargelegt haben.

Die nächste Erwähnung von Interesse ist Vortigerns Ratsuche bei Merlin, bezüglich des Baus eines Turmes, in dem er sich erfolgreich gegen die Angelsachsen verteidigen könne. Gemäß der Sage hatte Merlin nie einen Vater, er war sozusagen ein »Wechselbalg«, und Vortigern war von seinen Magiern angeraten worden, die magischen Dienste eines solchen Mannes aufzusuchen. Merlin jedoch warnte den Herrscher, daß ein solcher Turm nicht würde standhalten können, weil zwei Drachen, ein roter und ein weißer, in einem darunter befindlichen Pfuhl lebten. Offensichtlich waren die Druiden mit Wasseradern wohlvertraut. In einer späteren Episode suchte Aurelius, König von Britannien, bei Merlin Rat, denn er wollte ein Monument zu Ehren der britischen Könige wiedererrichten, das an die angelsächsischen Armeen gefallen war. Der Magier riet ihm daraufhin, nach Irland zu ziehen, »The Giant's Dance« (Stonehenge) nach Britannien zu bringen und dort als bleibendes Andenken an die toten Helden errichten zu lassen. Aurelius hielt diesen Vorschlag für unsinnig und wurde von Merlin zurechtgewiesen:

Ich ersuche Eure Majestät dringendst, das überhebliche Gelächter zu unterlassen, denn was ich sage, ist wichtig. Es gibt dort mystische Steine von heilsamer Kraft. Die Riesen von einst brachten sie von den entferntesten Küsten Afrikas nach Irland, als sie dieses Land besiedelten. Sie wurden so angelegt, daß man darin Bäder nehmen konnte, wenn man krank war. Sie tauchten ihre Glieder

113

in das Wasser, mit dem sie die Steine abgewaschen hatten, und wurden unfehlbar geheilt. Mit dem nämlichen Erfolg kurierten sie auch Wunden durch das bloße Auflegen von Kräutern. Es gibt dort nicht einen Stein ohne heilende Wirkung.[6]

Da wir heute mit Sicherheit wissen, daß die Monolithen von Stonehenge mehrere tausend Jahre vor dem sechsten Jahrhundert n. Chr. errichtet wurden, ist Geoffreys Darlegung wenig glaubwürdig, wodurch auch auf den Rest der Erzählung ein zweifelhaftes Licht fällt. Auch Spence hat Vorbehalte im Umgang mit diesen Fakten und verweist einerseits nachdrücklich auf den Bezug zwischen Stonehenge und Afrika, andererseits auf den Umstand, daß mehrere Steine sich nicht an ihrem ursprünglichen Ort befinden. Aber zurück zur britischen Artus-Legende. Wir verdanken das allgemein verbreitete Bild von Artus zu gutem Teil Sir Thomas Malory. Sein episches Werk *Le Morte D'Arthur* wurde 1485 veröffentlicht und basiert weitestgehend auf Mythen und Rittersagen, die bereits damals Allgemeingut waren. Über Malory selbst ist nicht viel mehr bekannt, als daß er im »Krieg der Rosen« kämpfte und im Parlament saß. Laut Rhys, der das Werk vor wenigen Jahren mit einem Vorwort versah, sind die im Text gebrauchten Namen ins Keltische übertragen worden und anfänglich kontinentalen Ursprungs gewesen, was zweifellos den bretonischen Einfluß belegt. Er merkt auch an, daß es in einer dunklen Sprache geschrieben sei, die eine exakte Übersetzung schwierig gestalte.

Wie aber steht es um die romantisierten – und übrigens zweifelhaften – Erzählungen über den königlichen Artus? Unmittelbar nach seiner Geburt wurde er von Merlin zu dessen geheimem Schloß gebracht und von einem gewissen Sir Ector aufgezogen (wieder eine Analogie zu Gwydion und Llew!). Als Uther Pendragon starb, versammelte Merlin am Weihnachtstag alle Adligen und Ritter. In der Mitte der Versammlungshalle befand sich ein riesiger Steinklotz, auf dem ein Amboß stand; in diesem Amboß steckte ein Schwert. Um den Stein herum waren die Worte graviert: »Wer immer dieses Schwert aus dem Stein und dem Amboß zu ziehen vermag, der ist als rechtmäßiger König von Britannien geboren.« Sosehr sich die Ritter auch mühten, keinem von ihnen gelang es, das Schwert zu bewegen, bis am Neujahrstag Sir Ector mit seinen beiden Söhnen Kay und Artus erschien. Artus zog das Schwert ohne Mühe heraus und wurde daraufhin zum Sohn Uther Pendragons und rechtmäßigen Thronfolger erklärt.

Seiner Krönung folgten seine Heldentaten auf dem Schlachtfeld, später die Gründung der Tafelrunde unter der Anleitung Merlins und schließlich seine standesgemäße Hochzeit mit Guinevere. Die übrige Geschichte haben wir bereits betrachtet, wenngleich, nach einer anderen Version, drei Frauen ihn in einem Boot fortgebracht haben sollen, um seine Wunden zu pflegen, woraufhin er nie mehr gesehen wurde.

Trotz dieser völligen Christianisierung der Artus-Sage, wie sie von Malory und Geoffrey von Monmouth überliefert wurde, ist zwischen den Zeilen unschwer der Bezug zu den Figuren der keltischen Mythologie erkennbar, denen im Mittelalter durch bretonische Erzähler der Status und die Wesenszüge von Sterblichen zugeschrieben wurden. Artus' Geburt steht in völligem Einklang zur Geburt anderer legendärer Helden, die halb Gott und halb Mensch waren. Sein Schwert »Excalibur«, das, einer anderen Legende zufolge, die »Herrin des Sees« ihm überreichte und mit dem er später dorthin zurückkehren sollte, besaß ebenso magische Kräfte wie Nuadas verzaubertes Geschenk an die Dannans. Die »Herrin des Sees« ist sicher eine der drei Frauen, die Artus nach Avalon brachten, und diese drei wiederum entsprechen der dreifaltigen Gottheit. In der keltischen Mythologie ist »Avalon« ein anderer Ausdruck für Gwyns Reich »Tylwyth Teg«, jenen undurchdringlichen Bezirk, wo die Geister der Edlen und altehrwürdigen Götter beheimatet sind. Das heilige Boot, auf dem er nach Avalon gebracht wird, ist Mananans »Ocean Sweeper« (Charons Fährschiff oder der Kahn des ägyptischen Ra). Artus wurde auch mit dem bretonischen Gott Artaius gleichgesetzt, von dem man ebenfalls sagte, er habe den Göttern einen heiligen Kessel des Wissens gestohlen. Man glaubte einst, der Fels von Glastonbury befinde sich vor einem der geheimen Eingänge jenes fremdartigen, zeitlosen Bereiches, der so unbestimmt »die Unterwelt« genannt wird.

Artus wurde als der »einstige und zukünftige König« angesehen, der an einem verborgenen Ort schlief, von wo er sich einmal, in einer Zeit größter Not, erheben und sein Gefolge (die Briten) anführen würde. Dies allein beinhaltet schon einen Glauben an seine Unsterblichkeit, durch die er aus der Reihe irdischer Monarchen mit befristeter Lebensspanne herausgehoben wird.

Wir können jedoch die Legenden um Artus nicht beurteilen, ohne Herkunft, Wesen und Taten Merlins mit in Betracht zu ziehen. Der Sage nach ist Merlin Artus' okkulter Berater und ein Magier von großer Macht. Wir werden jedoch sehen, daß er alle Kennzeichen eines keltischen Druiden oder indogermanischen Schamanen aufweist.

Nach Geoffrey war seine Mutter, Tochter des Königs von Dematia, eine Nonne. Wie so viele magische oder erleuchtete Figuren in verschiedenen Zeitaltern, wurde auch Merlin von einem engelhaften Wesen gezeugt, das seine Mutter eines Tages besuchte, und erhielt auf diese Weise seine übernatürlichen und zauberhaften Kräfte. Merlin wurde mit vielen früheren Göttern gleichgesetzt: Hermes Trismegistus, dem römischen Merkur, dem Hermes des griechischen Pantheons, dem ägyptischen Toth, und dem altkeltischen Cernunnos. In späterer vorchristlicher Zeit galt der Name Merlin als eine Art Adelstitel, etwa als »Myrddin Ab Morfryn« und »Merlin Ambrosius« oder »Merlin Emrys« in der »Historia Regum Britaniae«. Es gibt jedoch auch andere Erklärungen von verschiedenen Autoren. Canon MacCulloch sieht in ihm den »perfekten Magier«, möglicherweise auch einen alten Gott wie den irischen »Gott der Druiden«, während Rhys glaubt, er sei die keltische Version des Zeus. In einem berühmten Gedicht des Taliesin wird erklärt, Taliesin sei die Reinkarnation Merlins; wir dürfen daraus schließen, daß »Merlin« in einem Zusammenhang ein fürstlicher Titel ist, in einem anderen jedoch die Bezeichnung für die »Altehrwürdigen« oder »Wächter der kosmischen Zeit«, was insbesondere mit dem britischen Ethos in Verbindung gebracht wird. Die meisten Experten zitieren jene berühmten britischen Verse, wenn sie über Merlin schreiben:

Merlin! Merlin! Wo gehst du hin
so früh am Morgen, mit deinem schwarzen Hund?
Ich bin hierhergekommen, weil ich den richtigen Weg
    suche,
um das rote Ei zu finden;
das rote Ei der Meeresschlange,
an der Küste bei den ausgehöhlten Steinen.
Ich werde im Tal suchen,
zwischen der grünen Brunnenkresse und dem goldenen
    Gras,
und in den höchsten Zweigen der Eiche,
und im Wald, nahe bei der Quelle.[7]

Es gibt eine dritte Strophe, die jedoch so von den Christen verdreht wurde, daß ich es unangemessen finde, sie hier anzufügen. Graves kommentiert hierzu: »Die anhaltende Feindseligkeit der Kirche hat aus der geheimnisvollen, altehrwürdigen Poesie ein Wirrwarr gemacht«. Merlins Hund ist zweifellos Anubis bzw. sein keltisches Gegenstück, der ihn sicher durch die düsteren Gegenden der Initiation führt. Die Meeresschlange ist Uraeus oder »Auge des Sonnengottes«, deren Klugheit, wie auch die geheimen Kräfte Merlins, von der emotionalen Flut des tiefen menschlichen Unbewußten überschwemmt und zeitlos in Stein eingeschlossen wurde. Dies ist natürlich nur meine Sichtweise, nicht unbedingt die allgemein anerkannte Deutung. Die Legende beschreibt Merlins Behausung als ein Gebäude aus Glas, einen blütenüberladenen Weißdornbusch und auch als Dunst- oder Rauchwolke in der Luft, »sehr dicht, weder aus Stahl noch aus Holz oder Stein, sondern aus nichts anderem als Luft, und doch durch Zauberkraft so beständig, daß sie niemals zerstört werden könnte, solange die Welt besteht«. Schließlich soll er auf der Insel Bardsey gelandet sein, »am westlichsten Punkt von Carnavonshire … er betrat sie, in Begleitung von neun Barden, und nahm die ›dreizehn Schätze Britanniens‹ mit sich, die seitdem für die Menschheit verloren sind«.[8]

Andere Legenden fügen dem verschiedenste Versionen von Merlins endgültigem Verschwinden hinzu. Er soll in einer magischen Grotte, in die man ihn lockte, eingeschlossen, daraufhin in einen Garten der Glückseligkeit gebracht und von einer Fee namens Vivien verzaubert worden sein. Nachdem man ihn mit einem Zaubertrank eingeschläfert hatte, wurde er auf einer Insel inmitten eines Sees unter einem riesigen Stein bestattet. Man hat die Wesen, die dies taten, als »Unsterbliche«, »Nymphen« und sogar als »Verehrerinnen« bezeichnet; eines haben sie mit Sicherheit gemein: Sie alle waren weiblich.

Ähnlichkeiten zwischen dem keltischen Annwn (»Anoon« ausgesprochen) und dem ägyptischen Amenti sind auffällig. Osiris wird von vielen Autoren häufig im Zusammenhang mit dem Artus-Stoff erwähnt, die Merlin anstelle von Thoth/Tenuti sehen, dem Magier des ägyptischen Pantheons, der für die Zeugung von Horus verantwortlich war. Waddell weist auch auf die Zwischenglieder in der Bezugskette Asar/Osiris/Artus hin. Mordred entspricht Set, durch dessen Hand Osiris/Artus erschlagen wurde. Der Leichnam wurde durch Isis und Nephthys, die beiden »Herrinnen des Sees«, über den Nil in das Reich von Aalu (Avalon) auf der westlichen Seite gebracht; dort herrschte Osiris/Artus, dessen physischer Tod nicht überliefert ist, und erwartete seine ruhmreiche Auferstehung. Sowohl Artus als auch Osiris wurden mit dem Stierkult assoziiert, während Horus, Sohn des Osiris, als Falke, Artus als Krähe dargestellt wurde, denn: »Kein Engländer hätte in früheren Zeiten eine Krähe getötet, denn sie könnte der Geist eines Helden sein.« Auch der Name von Artus' Neffen Gwalchmei bedeutet »Falke«.[9]

Artus und sein Gefolge

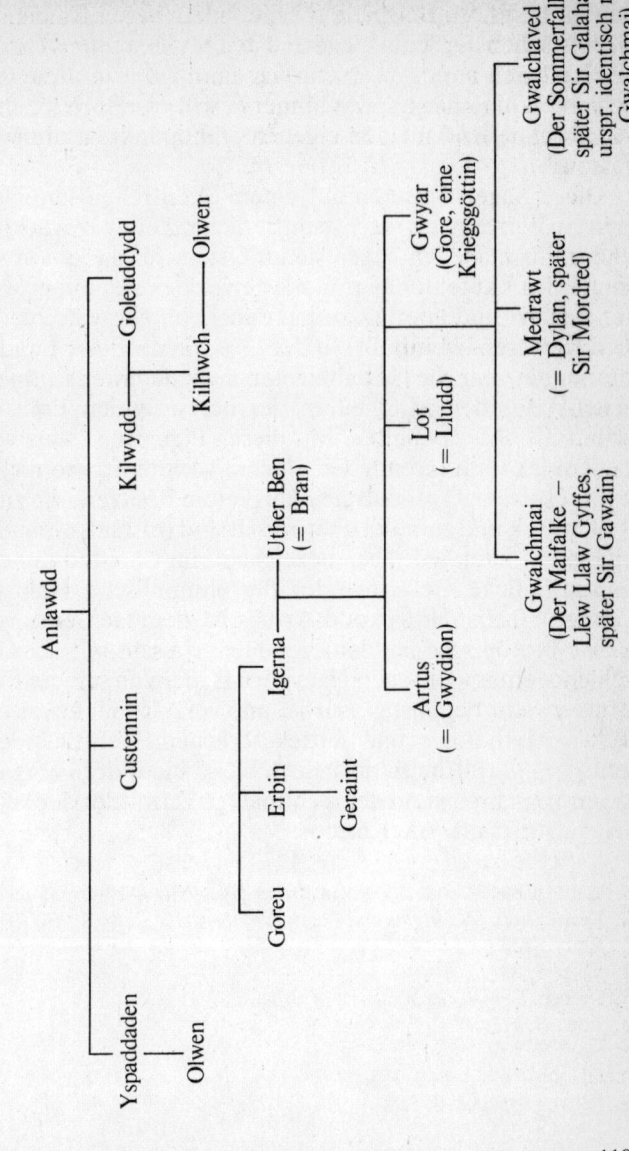

Man könnte diesen oder jenen Autor seitenweise zitieren und endlose Beispiele für die unleugbaren Bindeglieder zwischen der Artus-Sage und den Mythen sehr viel älterer Kulturen anführen. Natürlich kann jeder in diese Geschichten hineinlesen, was immer er will, dennoch möchte ich abschließend meinen eigenen Standpunkt zusammenfassen:

Diese Sagen basieren auf einem alten religiösen Kult, dessen Wurzeln bis in vorsintflutliche Zeiten zurückreichen. Für manchen liegen sie im Osten, für andere in Atlantis. Im Laufe der Jahrhunderte wurden sie immer weiter ergänzt und überlagert und dabei von den verschiedenen Kulturen beeinflußt. In der Geschichte vieler Länder erschienen manche Gestalten immer wieder ihren Mitmenschen oder den Mitgliedern der herrschenden Priesterschaft als »Auserwählte«. Mit diesen Figuren ist stets von neuem eine variierende Geschichte verknüpft, die nichts anderes aussagt, als daß sie Fähigkeiten besitzen, die zum Teil irdisch und zum Teil überirdisch sind (oftmals als »märchenhaft« oder »göttlich« bezeichnet; im Christentum die »jungfräuliche Geburt« oder die »himmlische Heimsuchung«). Der »Hollywood-Artus« ist demnach eine verklärte bretonische Heldenlegende, vermischt mit der Geschichte eines keltischen Heerführers, der von seinem Erzdruiden sehr begünstigt wurde, und verziert mit etwas okkulter Mythologie und mittelalterlichem Weltfluchtdenken. Der wirkliche Artus jedoch bleibt einer der »ehrwürdigen Vorfahren« und der rechtmäßige Vermittler der keltischen Botschaft vom Kosmos.

1. Lewis, Elvet. Aus dem Gedicht *Arthur Gyda Nil* (»Arthur mit uns«).
2. Rolleston, T. W., *Myths and Legends of the Celtic Race,* S. 336–337.
3. Ebd., S. 337.
4. Ebd., S. 338.
5. Spence, Lewis, *The Mysteries of Britain,* S. 111.
6. Ebd., S. 113.
7. Ebd., S. 116.
8. Op. cit. Rolleston, S. 355.
9. Loc. cit. Spence, S. 128.

15. Die magische Bedeutung des Grals

Eines der Hauptthemen der Artus-Legenden ist die Suche nach dem »Heiligen Gral«, die eng mit dem Ritterorden der Tafelrunde verknüpft ist. Der mittelalterlichen Überlieferung nach soll Christus im Knabenalter Glastonbury besucht haben, begleitet von seinem Onkel, Josef von Arimathea, der wenige Jahre nach der Kreuzigung zurückkehrte, um das Evangelium zu verkünden. Josef soll damals den Kelch mitgebracht haben, der beim Abendmahl benutzt worden war, sowie zwei Phiolen, die den Schweiß und das Blut Christi enthielten und später an einem geheimen Ort nahe Glastonbury beigesetzt wurden.[1]

Eine andere Version bezeichnet den Gral als jenen Kelch, in dem das Blut Christi aufgefangen worden ist. Josef brachte ihn in diese Gegend und übergab ihn den treuen Händen von Bron oder Brons – ein anderer Name für Bran, den Gesegneten –, was auf eine Überlagerung oder Vermischung der Sagen schließen läßt.

Erzählungen über den Gral gab es jedoch schon lange vor den *Annales Cambriae* oder dem Erscheinen der Artus-Berichte Geoffrey von Monmouths. Die alten walisischen Legenden erzählen davon, wie Artus mit seinem magischen Schiff Prydwen in das Schattenreich Annwn segelte, dessen Herrscher Pwyll war. Bei seiner Ankunft erblickte er einen von neun Jungfern bewachten magischen Kessel, den zu rauben ihm gelang.

In dem Gedicht »Die Plünderung Annwns« wird der Kessel an einem Ort namens »Caer Sidi« oder »Caer Pedryvan« gefunden, dem »Schloß mit den vier Ecken«, auf der »Insel mit der beweglichen Tür«. Auch in der bretonischen Version ist der Gral im Besitz von Pelles oder Peleur, dem normannischen Namen für Pwyll. Er wohnt im Schloß Carbonek, womit sicher »Caer Bannauc« gemeint ist, das »spitztürmige« oder gehörnte Schloß, entsprechend den Spitzen oder Ecken von »Caer Sidi«. Das Gefäß, das Artus und sein Gefährte wiedererlangen, wird in dem Gedicht als Kessel beschrieben, dessen Rand mit Perlen besetzt

war. Das Feuer darunter wurde von neun Jungfern ange-
facht, er sprach Orakel aus und kochte für niemanden, der
dessen unwürdig war. Wiederum belegt die bretonische
Sage das Gedicht, demnach der Gral die Ritter mit jeglicher Nahrung versorgte, die sie wünschten, obgleich nur
der Ehrenvolle sich ihm nähern konnte. Jene, die dem
Gral in Peleurs Kapelle huldigten, blieben für immer jung
und vom Ablauf der Zeit verschont; der bretonische Gral
heilte zudem auch die Kranken.[2]

Magische Becher und Kessel sind jedoch in der keltischen Literatur außerordentlich häufig, angefangen mit
dem Geschenk der Tuatha de Dannans, über Brans magischen Kessel, der, wie wir bereits dargelegt haben, die
toten Krieger wiedererwecken konnte, bis hin zur Schale
Dagdas, die ein niemals versiegendes Füllhorn war, stets
gefüllt bis zum Rand, auch wenn sich eine ganze Armee
von ihr genährt hatte. Nicht zu vergessen der sagenumwo-
bene Kessel Keridwens, von dem gleich noch die Rede sein
wird. Im übrigen sind die Gralssagen ein Vorrecht der Kelten. Der Kelch oder Becher, welcher der ägyptischen Gottheit Nephthys geweiht ist, war als ihr Symbol in ihren Kopf-
schmuck eingearbeitet. Nephthys war vor allem die Göttin
der verborgenen oder versteckten Gegenstände, parado-
xerweise aber auch der Offenbarung. In ihrem silbernen
Becher ist die gesamte spätere Symbolik des Grals schon
enthalten, als dem Gefäß oder Behältnis, in welches Licht
und Wahrheit – die Opfergaben des Lebens – gegossen werden.

Eine andere alte Sage berichtet, daß der Gral von Engeln aus jenem Smaragd gefertigt wurde, der sich von der
Stirn Luzifers löste, als dieser in göttliche Ungnade fiel. Im
Osten werden Götzenbilder häufig mit einem Edelstein inmitten der Stirn dargestellt, einer Art drittem Auge, von
dem behauptet wird, es stünde in Beziehung zur Zirbel-
drüse und verleihe die Fähigkeit, mit einem sechsten Sinn
zu »sehen«. Die Farbe Nephthys ist grün wie der Smaragd,
zudem ist sie die Göttin des Verborgenen, entsprechend
der keltischen Unterwelt, und grün ist schließlich die Farbe

des keltischen Pfades. Die Gralssuche hat jedoch eine wesentlich tiefere Bedeutung als die christliche Suche nach dem geweihten Kelch. Sie steht eher für die Suche nach dem Unbekannten, nach verborgenen oder okkulten Dingen, nach dem Weg zu Erleuchtung und Spiritualität, die durch Mühsal, Selbstdisziplin und Beharrlichkeit erlangt werden. In der Artus-Literatur wird Reinheit des Herzens als Voraussetzung dafür genannt, den Gral entdecken zu können oder gezeigt zu bekommen. Die Vorbereitung auf die Suche schloß demnach eine Reihe von Selbstreinigungszeremonien im Rahmen der Religion, der man anhing, mit ein. Christliche Ritter gingen in Klausur, fasteten und beteten. Ihre heidnischen Vorfahren vollführten Rituale der Unterordnung unter eine höhere Macht oder auferlegten sich härteste Strafen, durch die sie die Beherrschung ihrer niedrigsten und dunkelsten Seiten zu erlernen strebten. Denn ohne die Überwindung der Dunkelheit – der seelischen wie derjenigen der Unterwelt – kann der Einzuweihende niemals hoffen, die verborgenen Geheimnisse des Lichtes und der Wahrheit zu verstehen.

Die walisische Version der bretonischen Erzählung spricht von einem gewissen Peredur, in dem Rolleston den »reinen Toren« sieht, einen tapferen und gutherzigen Einfältigen, wie ihn der »Narr« im Tarotspiel versinnbildlicht. Nachdem er sich am Artushof bewiesen hatte, zog Peredur los, um den Heiligen Gral zu suchen, und erlebte zahlreiche Abenteuer. Seine Reise brachte ihn zu einem Schloß nahe einem See, wo er einen ehrbaren Fischer traf. Es ist das Schloß des Grals, in dem der lahme »Fischerkönig«, ein Onkel Peredurs, den heiligen Becher bewachte. Der alte Fischer sagt ihm, daß er kein Wort über das sprechen dürfe, was sich im Schloß vor seinen Augen ereignen würde, ganz gleich, wie fremdartig es ihm erscheinen möge – ein absolut sicheres Zeichen für einen Initiationsritus.

Einige Autoren sind der Meinung, der Name »Fischerkönig« habe ursprünglich eine tiefe Bedeutung besessen, die verlorengegangen sei; in jedem Fall ist er höchstwahrscheinlich identisch mit Gwyn Ap Nudd, dem Herrn der

Unterwelt, wenngleich andere Gralsgeschichten ihn Bron oder Bran nennen. Der griechische Gott Hephaistos, dessen Schmiede sich gleichfalls unter der Erde befand, war ebenso wie Wayland lahm. Daraus dürfen wir schließen, daß der »Fischerkönig« eben jener »Dark Tanist« aus dem fünffachen keltischen Glauben ist, der von manchen Okkultisten mit dem »Gehängten« des Tarotspiels gleichgesetzt wird. Seine Lahmheit wurde durch einen Speerstoß verursacht, der ihn zudem impotent werden ließ. Erst wenn die Botschaft des Grals vollständig bekannt und begriffen sein wird, wird der »Fischerkönig« geheilt sein und das Land zu neuem Wohlstand gelangen. Man wird das Gefühl nicht los, daß in dieser Symbolik das Geheimnis der alten Völker verborgen ist, dessen Kenntnis spirituelle Blindheit und Bigotterie verhindern.

Peredur sieht sich Serien rätselhafter Prüfungen und dem erbitterten Widerstand der »neun Hexen von Gloucester« gegenüber, die Artus und er schließlich überwinden.[3] Aber Peredur, oder Percival, wie er später genannt wurde, stellte dem »Fischerkönig« offenbar nicht die richtigen Fragen, die diesem ermöglicht hätten, sein striktes Schweigen zu brechen; so konnte er die Zauberworte nicht aussprechen, die jenen Fluch gebrochen hätten, durch den er selbst lahm geworden war und die Britischen Inseln gefangen blieben.

Es gibt noch viele andere Versionen der Gralsgeschichte, z. B. jene von Wolfram von Eschenbach, dessen gralssuchender Held der vielbesungene Parsifal des teutonischen Mythos ist. Der Text wurde etwa 20 Jahre nach dem Chrétien de Troyes geschrieben, und es heißt darin über die Ritter des Gralsschlosses:

> Sie lebent von einem steine
> Des geslähte ist vîl reine ...
> Es heizet *lapsit (lapis) exillîs*
> Der stein ist ouch genannt der Grâl.[4]

Der Kelch wurde ursprünglich von einer Schar von Engeln herniedergebracht und in Anjou aufbewahrt als demjenigen Ort, der ihm am würdigsten war. Seine Kraft erhielt er durch eine Taube, die jeden Karfreitag vom Himmel herabkam und eine geweihte Hostie auf den Gral legte. Er wurde im Schloß Munsalvache (Montsalvat) aufbewahrt und von vierhundert Rittern bewacht, die alle, bis auf den König, der Keuschheit verpflichtet waren. Natürlich gäbe es noch weit mehr darüber zu berichten, wie jeder weiß, der die Geschichte Parsifals kennt, aber der christliche Einfluß ist zu deutlich, als daß eine ernsthafte okkulte Betrachtung sinnvoll wäre. Jedenfalls wissen wir von Wolfram, daß er das Wesentliche der Geschichte von dem provenzalischen Dichter Kyot oder Guiot kannte, der bekundete, sie einem arabischen Buch aus Toledo entnommen zu haben, das ein Heide namens Flegetanis geschrieben haben soll.[5]

Die Legende über den »Kelch des Überflusses« gibt es in mehreren Versionen, es ist jedoch allgemeine Übereinkunft, daß die Kelten ihre Gefäße mit drei Eigenschaften ausstatteten: Unerschöpflichkeit, Beseeltheit und Erneuerbarkeit, mit einem Wort: Fruchtbarkeit. Alle Besitzer von magischen Gefäßen wurden mit Fruchtbarkeit assoziiert, beispielsweise Dagda und Bran, die ursprüngliche Betonung jedoch lag auf der weiblichen Symbolik des Empfangens und damit auf der Weiblichkeit selbst.

Die Gralslegenden sind demnach christianisierte Versionen des alten Themas vom »magischen Gefäß« im Gewand bretonischer Ritterlichkeit und geweiht durch die Legende vom Abendmahl, durch die sie den Segen der Kirche und das damit verbundene Ansehen erhielten.

Nach intensiven Untersuchungen in der Gegend von Rennes le Chateau in Südfrankreich kommen Baigent, Leigh und Lincoln in ihrem Buch *The Holy Blood and The Holy Grail* zu dem Schluß, daß die ehemalige Schreibweise des Wortes »Sangreal« genauer war als die jüngere, wonach es irrtümlicherweise mit Bindestrich geschrieben wurde; es müßte eigentlich »Sang Raal« oder »Seng Réal« heißen – königliches Blut.[6]

Ich bin weit davon entfernt, diese sorgfältig recherchierte Theorie zu diskreditieren. Schließlich spricht absolut nichts gegen die Annahme, Jesus könne Kinder gezeugt und einen Stammbaum begründet haben, der bis zum heutigen Tag fortgesetzt wurde. Seine Genealogie könnte irgendwann in der Geschichte, möglicherweise im Zusammenhang mit der Gralslegende, von einem Geheimbund verborgen gehalten worden sein. Das alles beeinträchtigt jedoch die alten Legenden von heiligen Gefäßen, die Tausende von Jahren vor dem Erscheinen des Christentums entstanden, in keiner Weise. Der Artus-Mythos und die Gralslegende waren, dank der Massenmedien, niemals populärer als heute. Das Thema vom rechtschaffenen Helden auf der Suche nach der Wahrheit ist ein Evergreen, der in Zeiten weltweiter Krisenstimmung unvermeidlich an Dringlichkeit und Wichtigkeit gewinnt. Viele mögen ihren »Gral« im Glauben finden, andere suchen, wie Peredur, unermüdlich nach den Antworten auf die Rätsel des »Fischerkönigs«.

1. Mathias, Michael; Hector, Derek, *Glastonbury,* S. 10.
2. Spence, Lewis, *The Mysteries of Britain,* S. 138.
3. Rolleston, T. W., *Myths and Legends of the Celtic Race,* S. 404.
4. Ebd., S. 407.
5. Ebd., S. 408.
6. Baigent, Michael; Leigh, Richard, Lincoln, Henry, *The Holy Blood and the Holy Grail,* S. 267.

16. Druidischer und bardischer Glaube

Es gibt in Großbritannien zwei unterschiedliche, allgemein bekannte Schulen des Druidismus, daneben meines Wissens viele kleinere, die für sich praktizieren, was sie für den alten druidischen Glauben halten. Ich werde mich im folgenden an die traditionelle Sichtweise halten, wie sie von anerkannten Autoritäten auf diesem Gebiet vertreten wird.

Etymologisch geht das Wort »Druide« wahrscheinlich auf die arische Wurzel »vid« zurück, die z. B. im englischen »wisdom« oder im lateinischen »videre« enthalten ist. Mit ihr ist die verstärkende Silbe »dru« verbunden, woraus sich das Wort »dru-vids«, gälisch »draoi«, der Druide, ergibt, ebenso wie die Verstärkung »su« zusammen mit »vids« zu gälisch »saoi« wird, der Weise.[1]

Immer wieder trifft man in der keltischen Geschichte auf den Druidismus, der, laut den Historikern, überall vorkam, wo Kelten siedelten. Aber wenngleich die Druiden stets mit den Dolmen in Verbindung gebracht werden, gibt es auch Druidensiedlungen ohne dieselben und umgekehrt. Es gab in Westeuropa und auf den Britischen Inseln bereits eine allumfassende Religion mit einer mächtigen Priesterschaft, die durchdrungen war von Magie und dem Kult der Unterwelt. Dieser magische Glaube war so mächtig, daß selbst Plinius glaubte, er stamme ursprünglich weder aus Italien noch aus Griechenland, denn in Britannien wurde er mittels solch ausgefeilter Rituale praktiziert, daß es fast den Anschein hatte, als ob sie (die Briten) ihn nach Persien gebracht hätten. Die historischen Bezüge legen den Schluß nahe, daß der Druidismus den sensiblen und fürs Phantastische offenen Kelten von der früheren megalithischen Bevölkerung Europas aufgezwungen wurde. Zumindest scheinen sich die beiden Glaubenshaltungen zu jenem ursprünglichen keltischen Glauben verschmolzen zu haben, den wir gerade studieren. Mit Sicherheit läßt sich sagen, daß der Glaube an die Unsterblichkeit der Seele die Hauptdoktrin des Druidismus war.

Cäsar schrieb über die Druiden, »sie lehren und vermitteln der Jugend den Respekt vor den Sternen und ihren Bahnen, der Ausdehnung der Erde und des Universums, der Macht und Erhabenheit der unsterblichen Götter«. Seit jedoch die Druiden die Übermittlung ihrer Doktrinen strikt verboten, obgleich ihre Schreiber mit der Sprache wohlvertraut waren, fehlen uns sämtliche näheren Einzelheiten darüber. Diese Weisung umgab ihre Religion einerseits mit einer Aura des Geheimnisvollen, andererseits war sie dadurch vor Widerspruch geschützt. Nichts ist einfacher zu manipulieren als das geschriebene Wort, wie das Beispiel der Bibel zeigt, die unzählige Interpretationen erfahren hat, wobei die Anhänger des jeweiligen Glaubens die ihrige für die einzig richtige halten. Cäsars würdigende Worte für die feine und edle Kultur des Druidismus stehen jedoch in krassem Gegensatz zu den unter den Kelten üblichen Menschenopfern, wie sie uns überliefert sind. Sie flochten Menschen mit Weidenruten auf riesige Rahmen und verbrannten sie, um die Gunst ihrer Götter zu gewinnen. Irgend etwas scheint hier nicht zusammenzupassen, auch wenn derartige Praktiken auf einer bestimmten Entwicklungsstufe in den meisten Kulturen üblich waren. Der Widerspruch zwischen dem fortgesetzten Opfern von Menschen und der vergleichsweisen hohen Zivilisation, der auch aus Mexiko und Karthago bekannt ist, wird von den Historikern durch die Herrschaft von Priesterkasten erklärt. Von den alten Ägyptern andererseits, die ebenfalls unter der Herrschaft von Priestern standen, ist nichts Derartiges bekannt. Von Manetho wissen wir, daß Menschenopfer dort bereits um 1600 v. Chr. abgeschafft wurden und von der ägyptischen Bevölkerung von Anfang an abgelehnt worden waren. Spence glaubt, der Druidismus gehe auf den steinzeitlichen Totenkult zurück, der sich aufgrund der Isoliertheit der Britischen Inseln während der Bronzezeit nur dort weiterentwickelt habe. Mit Sicherheit hat es bereits Jahrhunderte vor der Landung der bretonischen Kelten einen Göttinnenkult in Britannien gegeben, von dem der frühe keltische Glaube noch vieles in sich trägt.

Die Parallelen zwischen der mündlichen Überlieferung des keltischen Glaubens und dem ägyptischen sind unübersehbar. Ammianus Marcellinus schreibt: »Mit größter Verachtung für das Los der Sterblichkeit priesen sie die Unsterblichkeit der Seele.« Und bei Pomponius Mela heißt es:

> Eines ihrer Dogmen war allgemein bekannt geworden, nämlich, daß die Seele ewig ist und es ein jenseitiges Leben im Reich der Hölle gibt ... Aus diesem Grunde wird es auch verständlich, daß sie ihre Toten mit all ihrem Besitz verbrannten oder bestatteten und daß sie in früheren Zeiten gar den Abschluß eines Handels oder die Begleichung von Schulden bis zu ihrer Ankunft im Jenseits hinauszögerten. Es gab tatsächlich sogar einige, die sich aus freien Stücken zu ihren Verwandten auf den Scheiterhaufen warfen, um deren neues Leben zu teilen.[2]

Wenn man dies liest, scheint es wenig verwunderlich, daß so viele unter den Kelten zum christlichen Glauben konvertierten, dessen einfache Lehre den Armen, Kranken und Leidenden ein himmlisches Jenseits versprach.

Die druidische Verherrlichung des Totenreiches und seiner Bewohner ist mehrfach ausführlich niedergelegt worden, so durch Cäsar, Dion Cassius, Tacitus, Diodorus Siculus und andere antike Autoren. Es war bei den Kelten ebenso wie bei den Ägyptern üblich, Gaben für ihre Toten zu hinterlasen. Gefäße mit Milch und verschiedene Nahrungsmittel hinterlegten sie an geheiligten Orten wie Hainen, Quellen oder bestimmten Steinen, ein Brauch, der nicht nur die Verehrung der Vorfahren zum Ausdruck brachte, sondern auch ein Gottesdienst für jene Geister war, die diese Orte beseelten. Auch durch Fruchtbarkeitsfeste gedachte man der Toten, Lughnasa (Luguasad) und Samhain beispielsweise, die Keimen und Vergehen der Vegetation symbolisierten. Dieser Ritus besagt zweifelsohne, daß der Frühlingsbeginn sowohl die Erneuerung der irdischen Gaben als auch die Auferstehung der Toten zu neuem Leben bringen werde.

Einige Autoren glauben allerdings, daß die Druiden die pythagoräische Vorstellung von der Seelenwanderung nicht vorbehaltlos übernahmen, sondern sich mit ihrer Idee des Jenseits eher an den alten Ägyptern orientierten. Wahrscheinlich ging ihr Glaube dahin, daß die Seele der Verstorbenen sich in die Gefilde der Unterwelt zurückzog, dort für geraume Zeit verblieb und schließlich in Gestalt eines Tieres zurückkehrte, wie es durch die Geschichten Tuan MacCarells illustriert wird.

Uneinigkeit gibt es auch bezüglich der Seelen der Toten und der Bewohner des »Königreiches der Mitte«. Diejenigen, die in okkulten Dingen unbelesen oder schlecht unterrichtet sind, neigen dazu, beides irrtümlicherweise zu vermischen und in den Bewohnern der Unterwelt lediglich die Geister der Vorfahren zu sehen. Die Verbildlichung der toten Seelen mit Schmetterlingsflügeln, die wohl auf dem keltischen Glauben beruht, Schmetterlinge seien die Inkorporationen der Toten, hat sich bis zum heutigen Tage gehalten und dürfte für diesen Trugschluß verantwortlich sein. Wenn man das Wesen des druidischen Glaubens erfassen will, muß man bedenken, daß man es mit einem außerordentlich großen Zeitraum zu tun hat. Der frühe Druidismus, der zweifellos vom alten megalithischen Glauben gefärbt war, unterschied sich naturgemäß deutlich von den christianisierten Versionen, die vom zehnten Jahrhundert an kursierten.

Die zahllosen falschen Erläuterungen über die Geheimnisse des Druidismus beruhen hauptsächlich auf unvollständigen oder verfälschten Überlieferungen, die an die Römer oder Griechen weitergegeben wurden. Mehr über diesen so geheimen wie geheimnisvollen Kult erfahren wir aus der walisischen Literatur.

Eines der detailliertesten Werke über den Druidismus ist unzweifelhaft *The Mythology and Rites of the British Druids,* das Revd. Edward Davies im Jahre 1809 privat publizieren ließ. Ich fand es fesselnd, wenngleich es von seiten der Gelehrten durchwegs stark kritisiert worden ist. Es ist aufgrund von Davies »Arkite«-Theorie in Verruf geraten, die er aus der alten walisischen Literatur abgeleitet hat. Ihr zufolge sollen Völker, die vor einer großen Flut flüchteten, an die Küsten von Wales getrieben worden sein, und den großen philosophischen Wissensschatz, den sie mitbrachten, solle der Druidismus seinen Aufstieg zu verdanken haben. Ich kann zwar nichts Unsinniges an dieser Theorie entdecken, aber man muß Davies selbst sehr sorgfältig lesen, um einige höchst strittige Stellen für sich selbst zu entscheiden. Das Buch enthält übrigens auch eine Reihe sehr lesenswerter bardischer Gedichte.

Wenngleich die Überlieferung des Druidismus vornehmlich mündlich erfolgte, werden diesem Kult drei Schreibformen zugerechnet. Zunächst das in Irland entwickelte Ogham-Alphabet (Abb. 1), benannt nach Ogma oder Ogmius, einer alten keltischen Gottheit des Wissens und der Schreibkunst. Sie besteht aus senkrechten und diagonalen Strichen, die auf einer oder beiden Seiten einer horizontalen Trennungslinie angesetzt werden. Es handelt sich dabei um ein leicht beherrschbares System, das eine große magische Bedeutungsvielfalt in sich birgt, obwohl es für einen tieferen literarischen Ausdruck ungeeignet war. Eine andere Version dieser Schrift, Virgular Ogham genannt, ersetzt die Striche durch Pfeile, welche die Mittellinie nicht schneiden. Besonders in vorchristlicher Zeit wurde Ogham vor allem von den Druiden Irlands, Cornwalls und Schottlands zu magischen und seherischen Zwecken verwendet.

DAS OGHAM ALPHABET

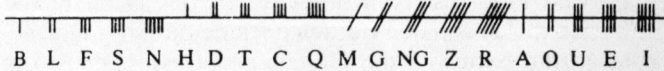

B L F S N H D T C Q M G NG Z R A O U E I

Abbildung 1

Das zweite von den Druiden verwendete Schreibsystem nannte sich Boibel-Loth oder Baumschrift. Im frühen Keltischen und Gälischen war es unter dem Namen Beth-Luis-Nion bekannt, gebildet aus den ersten drei Buchstaben: Beth/Birke, Luis/Vogelbeerbaum, Ash/Esche. Aus diesem Alphabet ergibt sich ein vollständiges magisches System, das wir noch studieren werden.

Eine weitere wesentliche Informationsquelle aus der walisischen Literatur stellt das Werk *Barddas* dar, das von einem walisischen Barden namens Llewellyn Sion aus Glamorgan gegen Ende des sechzehnten Jahrhunderts veröffentlicht wurde. Es handelt sich um eine Sammlung von ihm verfügbaren Fakten und Materialien, die 1862 durch J. A. Williams für die Welsh Manuscript Society of Llandovery übersetzt wurde. Ihr Titel weist es als »Sammlung von Originaldokumenten zu Theologie, Weisheit und Bräuchen des Barddo-Druidismus auf der Britischen Insel« aus.

Der Inhalt dieses Werkes hat eine bemerkenswerte Debatte unter den Fachleuten ausgelöst. Die einen hielten ihn schlichtweg für eine Erfindung der Barden des fünfzehnten, sechzehnten und siebzehnten Jahrhunderts, andere für ein Plagiat der brahmanischen Lehren aus Indien. Die ursprünglichen Vorstellungen der vorchristlichen Barden wurden offenbar ungenau überliefert, und der augenscheinlich christliche Hintergrund derselben wird auch allgemein zugestanden. Dennoch gehen manche Experten davon aus, daß Reste des originalen Glaubens zumindest in der Struktur dieser Überlieferungen noch enthalten sind, z. B. im triadischen Aufbau der folgenden Stelle:

In Kymrien waren drei besondere Doktrinen gebräuchlich: die erste war diejenige von Gwyddoniaid, sie stammte noch aus dem »Zeitalter der Zeitalter«, vor der Epoche Prydians, dem Sohn Aedds des Großen; die zweite wurde von den Barden nach deren Gründung gelehrt; die dritte war der Glaube an Christus, sie ist DIE BESTE DIESER DREI.[3]

Das erste Buch *Barddas* trägt den Namen »Symbol« und beschäftigt sich mit dem Ursprung von Buchstaben und Alphabet sowie der bardischen Geheimschriften. Die Buchstaben, so heißt es dort, wurden von dem Riesen Einiged, dem Sohn Alsers, erfunden und auf Holzblöcken festgehalten, die man »coelbren« nannte. Bran der Gesegnete brachte aus Rom ein Pergament darüber mit, wie man Ziegenleder gerbt, und die drei Urletern empfing Menwn der Weise durch Gott höchstselbst. Sie stellen drei Lichtstrahlen dar und werden, wie folgt, in drei Reihen geschrieben: | | \ Dem ersten Strich wurde der Laut »O« zugeordnet, dem mittleren »I« und dem dritten »V«. Die ursprüngliche Schreibweise war ◊|∨, was sowohl der Runenschrift als auch den vier Buchstaben des hebräischen Tatragrammatons (YHVH) nicht unähnlich ist. Von diesen drei Buchstaben wurde gesagt, sie entsprächen den göttlichen Eigenschaften Liebe, Wissen und Wahrheit, aus denen sich die drei Erleuchtungsgrade der britischen Barden ableiten. Aus diesen dreien wurden sechzehn weitere Buchstaben gebildet, und alle zusammen, einschließlich der in der Folgezeit von den britischen Barden entwickelten, ergaben die Bezeichnung »Abcedilros«, zusammengesetzt aus den ersten zehn Buchstaben. Später wurde dieses Alphabet durch weitere Buchstaben auf vierundzwanzig Zeichen ergänzt.

Der Brauch, Wissen in triadischer Form auszudrücken, geht zurück auf die drei Urbuchstaben »OIV«, allerdings war die Zahl Drei bei den Kelten bereits heilig, lange bevor der Einfluß des Christentums spürbar wurde.

Einer Abhandlung über Bardismus und das Gorsedd zufolge wird die Erleuchtung über die drei prinzipiellen Wesenszüge der Dinge erreicht, nämlich »Kraft, Materie und Modus. Die Bereiche der Wissenschaft sind Leben, Intellekt und Gefühl; die der Weisheit sind Gegenstand, Weise und Nutzen; das Wesen des Gedenkens ist Verständnis durch Gefühl, Auszeichnung und Hochachtung für das Bessere.«

Was das Geheimnis der Barden betrifft, könnte das folgende Zitat für jene von Interesse sein, die mystische Zeichen zu schätzen wissen:

Die Mysterien der Barden, d. h. die geheimen *coelb-rens,* sind kleine *ebillion,* fingerlang und genutet, so daß sie von zwei oder mehreren Eingeweihten benutzt werden können. Indem sie mit Bezug auf die Geheimlehre plaziert und verbunden werden, bilden sich Worte und Sätze; und durch deren Bündelung entstehen missionarische Episteln und Geheimschriften, deren Sinn allein die Eingeweihten verstehen. Nach Brauch und Schwur ist es Unrecht, diesen geheimen Sinn zu verraten. Man nennt sie die Zaubersprüche der Barden oder bardische Mysterien.

Die geheimen *coelvains* ähneln den *ebillion;* sie sind aus kleinen Steinen gemacht und tragen die Zeichen des Mysteriums. Indem man sie nach Weisung des Geheimnisses anordnet, legt man das unverzichtbare Wissen dar. Und wenn diese *coelbrens* die Anzahl der Buchstaben des historischen *coelbren* verraten, muß dies vertuscht werden, indem man einen Buchstaben durch einen anderen ersetzt; auf diese Weise kann man die Buchstaben nicht mehr mit Sicherheit identifizieren, es sei denn, sie werden zweimal mit derselben Bedeutung und Betonung gebraucht.[4]

Der letzte Abschnitt des »Buches der Symbole« hat die Form von Frage und Antwort:

F: Was ist *Dasgubell Rodd?*
A: Die Schlüssel des ersten *coelbren.*
F: Was erklärt der erste *coelbren?*
A: *Dasgubell Rodd.*
F: Was noch?
A: Das Geheimnis von *Dasgubell Rodd.*
F: Welches Geheimnis?
A: Das Geheimnis der Barden der Britischen Insel.
F: Wodurch wird das Geheimnis der Barden der Britischen Insel offenbart werden?
A: Durch die Lehre eines Meisters, der das Gelübde abgelegt hat.

F: Was für ein Gelübde?
A: Ein Gelübde vor Gott.[5]

Das zweite Buch mit dem Titel »Dwyffydiaeth« (Theologie), das die mystischen Lehren der Barden erschöpfend behandelt, spricht von zwei ursprünglichen Existenzen, Gott und Cythrawl. Gott repräsentiert das Prinzip der Energie, die alles Leben formt, Cythrawl dasjenige der Zerstörung und Vernichtung. Letzterer ist durch Annwn dargestellt, das in diesem Zusammenhang als höllischer Abgrund und Chaos vorgestellt wird. »Im Anfang war nichts als Gott und Annwn, dann wurde das WORT ausgesprochen, und das ›Manred‹ entstand.«[6]

Das dritte Buch, das »Buch der Weisheit«, beschäftigt sich mit der Lehre von den Elementen. Manred, die Ursubstanz des Kosmos, wird als Unzahl winziger Partikel entworfen, von denen jeder einen Mikrokosmos darstellt, in dem Gott enthalten ist, ebenso wie sie alle Teil jenes Makrokosmos sind, der die Ganzheit Gottes ist. Die Totalität des Seins wird durch drei konzentrische Kreise versinnbildlicht, deren innerster, »Abred«, die Stufe der Evolution und des Kampfes repräsentiert, den Widerstreit zwischen dem Leben und Cythrawl. »Gwynfyd«, der zweite Zirkel, steht für die Reinheit, ein Stadium der Freude und Kreativität, nachdem die Schlacht gegen das Böse gewonnen worden ist. Der letzte und äußerste wird »Ceugnant« (Unendlichkeit) genannt, ein offensichtlich völlig abstrakter Grad ewiger Zeitlosigkeit und höchster, allwissender Glückseligkeit *(Abb. 2, Seite 136)*.

Für die Barden selbst war Ceugnant allein von Gott bewohnt; es gibt jedoch auch esoterische Schulen, die zu der Annahme neigen, wir alle würden letztlich einmal dort einkehren, denn die Zeit sei nicht linear, sondern ein »ewiges Jetzt«, in welchem unser Dasein lediglich durch zeitzonale Verkapselung isoliert sei.

Hier nun ein Auszug eines Katechismus aus *Barddas,* der viel von den Vorstellungen desjenigen verrät, der das Werk verfaßt oder die Fakten gesammelt hat:

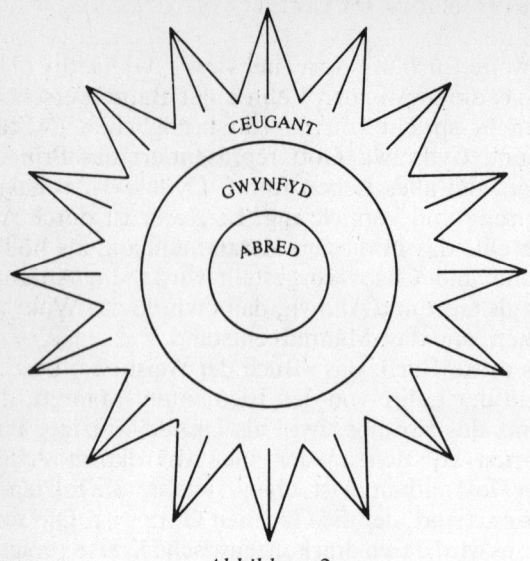

Abbildung 2

F: Wann bist du aufgestiegen?

A: Ich kam aus der »Großen Welt« und begann in Annwn.

F: Wo bist du nun? Und wie kamst du dorthin, wo du jetzt bist?

A: Ich bin in der »Kleinen Welt«, in die ich gelangte, nachdem ich den Zirkel Abred durchlaufen habe, und jetzt bin ich ein MENSCH, an dessen äußerster Grenze.

F: Wo warst du, bevor du im Zirkel Abred zum Menschen geworden bist?

A: Ich war in Annwn, gerade noch lebensfähig und so nah es überhaupt geht am absoluten Tod. Ich nahm jede Form an, dann jede Form eines Lebewesens, bis zum Grade eines Menschen, quer durch den Kreis Abred, wo meine Lebensbedingungen beschwerlich und schmerzlich waren, während des Zeitalters aller Zeitalter, seit ich durch die Gunst Gottes und seine unendliche Großzügigkeit und grenzenlose und endlose Liebe in Annwn dem Tode entronnen war.

F: Wie viele verschiedene Formen nahmst du an, und was widerfuhr dir währenddessen?

A: Ich nahm alle Formen an, die lebensfähig sind, sei es im Wasser, auf der Erde oder in der Luft. Mir widerfuhr jede Härte und jede Strenge, jeder Kummer und jedes Leid, und die Güte oder Gwynfyd war rar, bevor ich ein Mensch wurde ... Gwynfyd kann man niemals erlangen, ohne alles zu sehen und zu wissen, und sehen und wissen kann man nicht, ohne alles erlitten zu haben ... Und es kann keine vollständige und vollkommene Liebe geben, die nicht auch all das hervorbrächte, was einen zu jenem Wissen gelangen läßt, aus welchem Gwynfyd entsteht.[7]

Die Überlagerung von gnostischem und orientalischem Gedankengut ist hier unübersehbar, und so rein und unkompliziert diese Lehre hier auch erscheinen mag, können wir dennoch schließen, daß sie dem alten keltischen Glauben nicht gleichkommt. Auch in der Vorstellung der Entwicklung des Lebens ist sie nicht völlig schlüssig, denn die Ideen vom väterlichen Gott und vom Menschen als Krone der Schöpfung sind kaum vereinbar mit dem Glauben eines Volkes, das davon ausging, ein Stein oder Baum könne entwicklungsgeschichtlich höher stehen als es selbst.

Im übrigen: Wenn wir tatsächlich alle diese »Königreiche« durchlaufen und durchlitten hätten, würden wir in unserem tiefsten Unterbewußtsein ein vollkommenes Verständnis und eine große Hochachtung für die Welt tragen. Vandalismus, Tierquälerei und völlige Achtlosigkeit für die ökologische Umwelt, wie sie die Menschen unentwegt an den Tag legen, sprechen allerdings wenig dafür.

Aber ist der christianisierte Druidismus tatsächlich so sehr von seinen heidnischen Vorformen unterschieden? Keineswegs. Gott und Cythrawl oder der Dualismus zwischen Licht und Finsternis beispielsweise sind letztlich nichts anderes als der »König des Lichts« und der »Dark Tanist«, Gwydion und Pryderi; oder Llew und Gwyn; oder

Lugh und Balor. Annwn ist Pwylls »mabinogionisches Königreich«, wenngleich das erstere – einer bestimmten Version zufolge – eher einem Arkadien oder Elysium gleicht als einem Purgatorium für die leidenden Seelen der Toten. Auch der bardische Schöpfungsgedanke weicht kaum von manchen ägyptischen oder griechischen Vorstellungen ab. Die Seele steigt von Annwn zu Abred auf, wo sie alle Prüfungen erleidet; Abred gleicht also unserem Erdenleben und der »Kleinen Welt« der Barden. Von dort aus steigt sie schließlich auf zu Gwynfyd, okkult gesprochen: sie erhebt sich über die Welt der materiellen Erfahrung in überirdische Dimensionen, woher ihr Verständnis dieser Welt rührt, noch bevor sie zum »Schöpfer« oder der »Quelle aller Zeitlosigkeit« zurückkehrt.

Es steht jedem frei, welche Interpretation all dieser verschiedenen Versionen er für sich auswählen will, im Kern bleibt ihre Botschaft ein und dieselbe. Der Fehler, der häufig gemacht wird, ist, sich an den variierenden Bezeichnungen aufzuhalten, die diesem durchgängigen kosmischen Prinzip von irgendwem gegeben wurden. Die Götter können in vielfachem Gewand erscheinen, aber diese äußerliche Gestalt, die ihnen von den Menschen zugedacht wird, kann niemals ihr wahres Wesen enthüllen. Nur weil irgend jemand einmal auf die Idee kam, das Wort »Gott« groß zu schreiben oder Jesus statt Llew, Apollon, Artus oder Horus zu sagen, ist er noch lange nicht gläubiger oder erleuchteter als andere. Denn schließlich und endlich werden weder Namen noch Moden, weder politische Päßlichkeit noch irdische Dogmen von Bedeutung sein, sondern lediglich die Neigung und der Glauben des einzelnen zu seinem Gott.

1. Rolleston, *T. W., Myths and Legends of the Celtic Race,* S. 82.
2. Spence, Lewis, *The Mysteries of Britain,* S. 48 f.
3. Ebd., S. 94.
4. Ebd., S. 96 f.
5. Ebd., S. 97.
6. Op. cit. Rolleston, S. 333.
7. Op. cit. Rolleston, S. 334 f.

17. Kalender, Bäume und magische Alphabete

Die Kelten teilten das Jahr in vier Abschnitte mit festen Feiertagen, die jeweils durch religiöse Feiern zu Ehren eines Gottes oder Helden eingeleitet wurden. Die Feierlichkeiten beging man mit Volksfesten, Märkten, sportlichen Wettkämpfen und Gelagen, in früheren Zeiten auch durch Opferdarbringungen.

Der erste Teil des Jahres hieß Imbolc oder Oilmelg und begann mit dem ersten Februar. Einst war er der Göttin Brigid oder Brigantia geweiht, die später, im Laufe der Christianisierung, zur hl. Brigid wurde. Die Ursprünge des Imbolc liegen im dunkeln, man nimmt jedoch allgemein an, daß er im Zusammenhang mit den Mutterschafen, die Junge tragen, steht. Brigid war eine allumfassende Göttin, die für viele Dinge stand und unter anderem auch als Fruchtbarkeitsgöttin verehrt wurde.

Der zweite keltische Festtag Beltaine, »Bealltainn« oder »Cetshamain«, war auf den ersten Mai datiert und trug den Namen des Gottes Beli oder Bilé, wird aber zuweilen auch mit »Bel-Tene«, »mächtiges Feuer«, übersetzt. Wie fast alle besonderen Tage wurde er mit Fruchtbarkeitsriten began- gen, um das Gedeihen von Vieh und Getreide zu begünsti- gen. Man entzündete große Feuer, durch die zum Zwecke der Reinigung und Läuterung zuweilen auch Tiere getrie- ben wurden. In einigen Gebieten des schottischen Hoch- lands feiert man heute noch diesen Tag.

Das Fest von Lughnasa oder Luguasad hatte einen land- wirtschaftlichen Hintergrund und fand am ersten August anläßlich der Getreideernte statt. Wie schon der Name ver- rät, feierte man es zu Ehren Lughs. Zudem bestand eine Verbindung zu zwei mächtigen irischen Göttinnen, Oe- nach Tailten und Oenach Carmain, die mit großen Ver- sammlungen gewürdigt wurden.[1]

Über den Ursprung dieser Festlichkeit gibt es zwei Theo- rien. Eine besagt, daß Lugh selber sie zum Andenken sei- ner Pflegemutter begründete, eine zweite Quelle berich- tet, der Tag gelte der Erinnerung an seine beiden Frauen

Nas und Bui. Der Lughnasa dauerte einen Monat, begann zwei Wochen vor dem ersten August und endete zwei Wochen danach.

Das vierte Fest, Samhain, wird allgemein als der wichtigste Feiertag angesehen. Es bezeichnete den Beginn des keltischen Jahres und den Winteranfang. Obwohl es offiziell am ersten Oktober stattfand, feierte man schon am Abend zuvor, von dem man glaubte, daß an ihm der Schleier zwischen der erfahrbaren, äußeren Welt und dem anderen, übernatürlichen Reich für einen kurzen Moment gehoben würde. Am Samhain vereinigten sich die Dagda symbolisch mit der Kriegsgöttin Morrigan, deren Macht in allen früheren Traditionen gefürchtet und respektiert wurde.[2]

In einigen Gegenden Schottlands band man anläßlich dieses Festes die letzte Heugarbe zu einem weiblichen Körper, der »Carlin« genannt wurde, was ein anderer Name für »Cailleach« ist. Auf bestimmten Hügeln des Hochlandes leuchteten große Feuer, in die jeder der Anwesenden einen Stein mit seinem Namen oder einem Zeichen warf. Wer ihn nach Erlöschen der Flammen nicht wiederfinden konnte, hatte für das nächste Jahr Unglück und Verhängnis zu befürchten. Für einige bedeutete Samhain die Fesselung des Sonnengottes Lugh, der für die folgende Jahreszeit unter dem Zauber der finsteren Mächte stand.

Es gab in der alten Welt auch einige zweitrangige Feste wie den Tag von Tea, einer Schutzherrin der Versammlung Taras. Die meisten von ihnen stehen in Zusammenhang mit der dreigestalten Göttin.

Neben den bekannteren und besser dokumentierten Festen existierten noch magische und heilige Tage, die Bestandteile des Baumkalenders waren und in der Regel nur von Druiden und Eingeweihten gefeiert wurden. Baumkalender kann man bis auf das Jahr 5000 v. Chr. zurückdatieren. Sie sind weit verbreitet und überall zu finden, wo die alte matriarchalische Religion ihre Spuren hinterließ. Als die Kelten die Ufer der Britischen Inseln erreichten, brachten sie ihre eigene Fassung der alten Wahrheiten mit, die mit den dort ansässigen Glaubenshaltungen eine sehr charakteristische Verbindung einging.

Eine okkulte Lehre besagt, daß jeder Teil unseres Planeten, ob Land oder Wasser, seine eigene Persönlichkeit besitzt, die von den vorherrschenden Elementen geschaffen und geformt wird. Dieser Einfluß kann sich so stark bemerkbar machen, daß ein Volk, welches in ein anderes Land dieser Erde zieht, seine Mentalität dem Wesen der neuen Heimat nachhaltig anpaßt.

Die Baumalphabete[3]

Buchstabe	Beth-Luis-Nion	Boibel-Loth	Baum
B	Beth	Boibel	Birke
L	Luis	Loth	Eberesche
N	Nion	Neiagadon	Esche
F (V)	Fearn	Forann	Erle
S	Saille	Salia	Weide
H	Uath	Uiria	Hagedorn
D	Duir	Daibhaith	Eiche
T	Tinne	Teilmon	Stechpalme
C	Coll	Caoi	Haselnußstrauch
M	Muin	Moiria	Weinstock
G	Gort	Gath	Efeu
P bzw. NG	Pethboc/Ngetal	Ngoimar	Schilf
R	Ruis	Riuben	Holunder
Q bzw. CC*	Quert	Cailep	Apfelbaum
SS (z)*	Straif	–	Schwarzdorn
A	Ailm	Acab	Silbertanne
O	Onn	Ose	Stechginster
U	Ur	Ura	Heidekraut
E	Eadha	Esu	Pappel
I	Idho	Jaichim	Eibe
Y*	–	Idra	(Mistelzweig?)

* Das altirische Beth-Luis-Nion enthielt nur dreizehn Konsonanten und fünf Vokale. Q, SS und Y gab es nicht. Quert und Straif wurden später von Graves ergänzt, der auch eine Verbindung zwischen dem Boibel-Loth »Idra«, dem Buchstaben Y und dem Mistelzweig konstruierte, der jedoch zu sehr verehrt wurde, als daß man ihm eine schriftliche Bezeichnung verliehen hätte.

Magische Alphabete und Baumkalender entstanden nicht gleichzeitig. Während man den Kalender in Britannien auf das dritte Jahrtausend v. Chr. datieren kann, folgte das Alphabet fast zweitausend Jahre später, zu dem Zeitpunkt, da man die Bäume auch auf gälisch benannte. Ich gebe hier Robert Graves' Version der Alphabete mit den geweihten Bäumen und entsprechenden keltischen Bezeichnungen wieder.

Graves stellt einen kritischen Vergleich zwischen dem griechischen, dem irischen und dem Beth-Luis-Nion-Alphabet an. Die Parallelen, welche er dabei beobachten konnte, erhärten die Vermutung einer Beziehung der Kelten zum Mittelmeerraum und zum alten Griechenland. Der keltische Kalender orientierte sich mehr an der Bahn des Mondes als an der Sonne. Er bestand aus dreizehn Monaten zu jeweils achtundzwanzig Tagen und einem zusätzlichen Tag anläßlich der Wintersonnenwende. Man wußte damals schon, daß die Mondphase nicht genau der Dauer eines Monats entspricht. Daher fällt der Kalendermonat mit einer Mondperiode nur alle einundzwanzig Jahre, im sogenannten Mondjahr, zusammen, was 1972 der Fall war.

Das Jahr wurde in fünf Abschnitte zu je zweiundsiebzig Tagen unterteilt, die jeweils von neun Großen Tagen eingeleitet wurden. Diesen Anlaß feierte man mit einem einwöchigen Fest. Das neue Jahr begann man zur Wintersonnenwende.

Monate und Tage bekamen Namen von Bäumen, die in einem besonderen Verhältnis zur betreffenden Jahreszeit standen und eine mystische Bedeutung hatten, welche auch durch eine Farbe, einen Stein oder eine Zahl ausgedrückt werden konnte.

Die Jahreszeiten

Die Unterteilung des Jahres stand noch in enger Verbindung zur einfachen Lebenswelt der Menschen und zeichnet sich daher durch eine natürliche Logik aus, die man der vergleichsweise unscharfen heutigen Trennung in vier Jahreszeiten nicht mehr zugestehen kann.

Die Monate

	Anfang	Baum	Stein	Merkmal
BETH	24. Dezember	Birke	Kristall	Anfang
LUIS	21. Januar	Esche	Turmalin	Belebung
NION	18. Februar	Esche	Aquamarin	Macht des Meeres
FEARN	18. März	Erle	Granat	Feuer
SAILLE	15. April	Weide	Mondstein	Verzauberung
UATH	13. Mai	Hagedorn	Lapislazuli	Reinigung
DUIR	10. Juni	Eiche	Diamant	Standhaftigkeit
TINNE	8. Juli	Stechpalme	Rubin	Blut
COLL	5. August	Haselnuß	Topas	Weisheit
MUIN	2. September	Weinstock	Amethyst	Beseelung
GORT	30. September	Eibe	Opal	Wiederauferstehung
PETHBOC oder NGETAL	28. Oktober	Schilf	Saphir	Königtum
RUIS	25. November	Holunder	Olivin	Das Unvermeidliche

Ab 24. Dezember:	Schlaf. Die Zeit des Ruhens.
Ab 6. März:	Frühling und Blüte. Die Zeit des Erwachens und des Fortschritts.
Ab 17. Mai:	Reife. Die Zeit des Höhepunkts und der Erfüllung.
Ab 28. Juli:	Ernten und Sammeln. Die Zeit der Belohnung für gute Wirtschaft.
Ab 8. Oktober:	Ausklang. Die Zeit des Abschließens und Niederlassens.
Ab 19. Dezember:	Winter oder Trauer. Das Jahr stirbt, und die Zeit steht still (die fünf »dunklen Tage«).

Der Monat Saille wurde dem Apfelbaum und dem Smaragd, der Monat Coll dem Schwarzdorn sowie dem schwarz-weiß geäderten Achat zugeordnet. Obwohl zu Tinne der Holunder gehört, war der zugehörige Baum ursprünglich die Eiche. Da sie bis zum sechzehnten Jahrhundert in den entsprechenden Gegenden noch nicht wuchs, wählte man als passendes Äquivalent den Holunder.

Die neun Großen Tage

Die Wintersonnenwende, der zusätzliche Tag im Kalender, wurde nicht gefeiert. Man betrachtete jedoch die Tage zuvor und danach als besondere Ereignisse, wodurch sich insgesamt fünf Viertel-Tage ergaben, die den fünf Vokallauten des Alphabets zugeordnet wurden. So ergeben sich, gemeinsam mit den vier wichtigsten keltischen Festen, die neun Großen Tage.

Der Namenlose Tag

Den letzten Tag des Jahres, an dem der Dunkle König schon gestorben war und der Helle noch nicht geboren, weihte man der Dunklen Königin und ihren zerstörerischen Kräften. Er wurde so heiliggehalten, daß man wenig über die entsprechenden Rituale und Symbole weiß. Der Tag wurde weder laut in der Öffentlichkeit erwähnt, noch war es erlaubt, den geweihten Baum abzubilden. Man

Die dreizehn Stationen

1. Der höchste Gott	Macht	Weiß	Beth, erster Monat	Birke
2. Der zweigestaltige König	Gerechtigkeit	Gold	Duir, siebter Monat	Eiche
3. Die dreigestaltige Königin	Schicksal	Schwarz oder Dunkelgrün	Ruis, dreizehnter Monat	Holunder
4. Die doppelte Sonne	Reichtum	Blau	Ngetal, zwölfter Monat	Schilf
5. Menschlichkeit	Kampf	Rot	Tinne, achter Monat	Stechpalme
6. Geweihtes Feuer	Lebenskraft	Grün	Luis, zweiter Monat	Eberesche
7. Das Meer	Liebe	Türkis	Nion, dritter Monat	Esche
8. Bewußtsein	Wissen	Orange	Coll, neunter Monat	Haselnuß
9. Der Mond	Verwundbarkeit	Silber	Saille, fünfter Monat	Weide
10. Erde	Sterblichkeit	Gold	Muin, zehnter Monat	Weinstock
11. Geist	Unsterblichkeit	Amethyst	Gort, elfter Monat	Efeu
12. Der göttliche Wille	Königtum	Purpur	Fearn, vierter Monat	Erle
13. Chaos	Träume	Mitternachtsblau	Uath, sechster Monat	Hagedorn

nimmt jedoch allgemein an, daß es sich um den Mistel-zweig handelte, der von den Druiden geliebt und heiligge-halten wurde und das Symbol für ein Leben durch den Tod darstellte.

Wie kam er zu seiner exponierten Stellung im Glauben der Druiden? Es gibt verschiedene Erklärungen dafür. Eine besagt, daß seine Beeren allegorisch für die Perlen auf dem Kessel der Weisheit stehen.[4]

Pliny weiß vieles über den Gebrauch des Mistelzweiges zu berichten, der nur selten auf einer Eiche gefunden wurde. Wenn dies geschah, »ehrte man den Baum mit einer entsprechenden Zeremonie, wenn möglich am sechsten Tag des Mondes, denn der Einfluß des Himmelskörpers war dann am stärksten«. Nach einem ausgiebigen Gelage und der Opferung von zwei weißen Bullen schnitt ein weiß-gekleideter Druide mit einer goldenen Sichel den Zweig vom Baum, während ein zweiter Priester einen weißen Mantel ausbreitete, um ihn zu empfangen. Der Römer be-richtet weiter, daß »die Kelten glauben, ein Getränk aus dem Mistelzweig fördere die Fruchtbarkeit bei Tieren und sei überhaupt ein Heilmittel gegen alle Gifte«. Der Mistel-zweig war auch unter einer anderen Bezeichnung mit der Bedeutung »allheilend« bekannt. Das Schneiden von Eichenholz wurde hingegen als unheilbringend angesehen.[5]

Es gibt zwei Arten – den eigentlichen Mistelzweig und den Loranthus. Die Griechen unterschieden zwischen »hy-pear« und »ixos« oder »ixias«. Zweiterer kommt nicht im Westen, sondern nur in Osteuropa vor und wächst im Ge-gensatz zum eigentlichen Mistelzweig auf Eichen. Ob der Loranthus in Westeuropa beheimatet war oder von den Druiden aus dem Osten mitgebracht wurde, muß unge-klärt bleiben. Der Mistelzweig galt auch als Phallussym-bol. Wenn er von der heiligen Eiche geschnitten wurde, so stand diese Geste für die Entmannung des alten Königs durch seinen Nachfolger. Die Parallele zu Uranus' Kastra-tion durch Cronos, welche das Ende eines Zeitalters und die unausweichliche Macht der Zeit versinnbildlicht, liegt nicht weit.

Die Kelten glaubten, daß am Namenlosen Tag das Universum aufhöre zu existieren, falls man die alte Königin nicht durch Fasten besänftigte und dazu bewog, das neue Jahr anbrechen zu lassen. Aus dem Baumkalender und dem entsprechenden Alphabet lassen sich dreizehn magische Termine ableiten, wie sie aus der Schautafel ersichtlich sind. Die Reihenfolge erschließt sich allein aus den Ziffern und bedeutet keine Rangfolge, die dem keltischen Glauben ohnehin fremd war. Weitere Details über den keltischen Kalender kann man in *The White Goddess* von Robert Graves erfahren.

1. Ross, Anne, *Everyday Life of the Pagan Celts,* S. 200.
2. Ebd., S. 201.
3. Graves, *The White Goddess,* 116 f.
4. Spence, Lewis, *The Mysteries of Britain,* S. 166.
5. Spence, Lewis, *The Magic Arts in Celtic Britain,* S. 125.

18. Der Barde Taliesin

Unter den Erzählungen, die Charlotte Guest für die *Mabinogion* sammelte, ist das *Buch von Taliesin* für den Okkultisten bei weitem das interessanteste, denn es liefert wertvolle Einsichten in die Mysterien und psychologischen Tiefen keltischer Weltanschauung. Man entnahm es einem Manuskript aus dem späten sechzehnten oder frühen siebzehnten Jahrhundert, ist aber der Ansicht, daß vieles aus früheren Zeiten stammt.

Die Geschichte verläuft folgendermaßen: Während der Regentschaft König Artus' lebte ein Mann namens Tegid Voel von Penllyn, der mit der Zauberin Keridwen verheiratet war. Ihren Sohn Avagddu hatten die Götter vernachlässigt, denn er war sehr häßlich. Um diesen Makel wettzumachen, beschloß Keridwen, ihn zu einem Weisen zu erziehen. Zu diesem Zweck machte sie sich auf die Suche nach dem Buch von Feryllt oder Pheryllt.

Einige Forscher sind der Meinung, daß »Feryllt« eine mittelalterliche Bezeichnung für Virgil ist, das walisische Wort »Pheryllt« hat Spence zufolge jedoch eine andere Bedeutung. Es weist auf eine Gruppe der Druidenschaft hin, die in allem unterrichtet war, was die Beschäftigung mit dem Feuer betraf – zu jener Zeit hauptsächlich in den Bereichen der Metallherstellung und Alchimie. Die damit verbundenen Wissenschaften, deren Hochburg in der Stadt Emrys des Distriktes Snowdonia zu lokalisieren ist, nannte man »Celvyddydan Pheryllt« oder die »Kunst von Pheryllt«.

Keridwen mischte nun die nötigen Zutaten, stimmte die entsprechenden Gesänge und Formeln an und achtete dabei genau darauf, daß die astronomischen Voraussetzungen stimmten. So fand sie Zugang zu einer wichtigen Quelle keltischer Magie, dem Kessel. Der Trank, welchen sie daraufhin zubereitete, versprach Wissen und Eingebung für Avagddu, so daß er in die Mysterien und die Zukunft der Welt eingeweiht werden konnte.

Das Feuer unter dem Kessel mußte jedoch ein Jahr und

einen Tag lang unterhalten werden, und nur von drei Tropfen des Trankes konnte man die erhoffte Wirkung erwarten. Da Keridwen selber nicht genug Zeit hatte, ständig zu wachen, beauftragte sie Gwion Bach, den Sohn Grenways, Herold von Llanfair, fachgerecht umzurühren, sowie einen blinden Mann namens Morda, sich um das Feuer zu kümmern. Sie selber ergänzte nach den Vorschriften von Feryllts Buch von Zeit zu Zeit die passenden Zutaten. Eines Tages flossen drei Tropfen des magischen Trankes aus und fielen auf Gwions Finger, der ihn zum Mund führte, um den Schmerz zu lindern, worauf sich die übernatürliche Erkenntnis seiner bemächtigte. Er erkannte, daß er nun im Besitz der Gaben war, die für Avagddu bestimmt waren, und daß Keridwen ihn deswegen vernichten würde. Darum floh er und ließ den Kessel, welcher nur noch Gift enthielt, zurück.

Das Gefäß zersprang wegen seines explosiven Inhalts, der nun in die nahegelegenen Gewässer floß. Die Pferde von Gwyddno Garanhir gingen dort wie gewöhnlich zur Tränke und wurden vergiftet.

Keridwen erkannte nach ihrer Rückkehr, daß ein Jahr Arbeit vergeudet war. Wutentbrannt schlug sie Morda nieder und machte sich an die Verfolgung Gwion Bachs, der jedoch schon im Besitz der Weisheit des Trankes war, sie kommen sah und sich in einen Hasen verwandelte. Keridwen nahm darauf die Gestalt eines Windhundes an und jagte den Hasen, was Gwion veranlaßte, sich in einen Fisch zu verzaubern und im Wasser Zuflucht zu suchen. Nochmals verfolgte ihn Keridwen als Otter. Schließlich wurde er ein Vogel und sie zu einem Falken, und zu guter Letzt mischte sich Gwion in einer Scheune als Weizenkorn unter die übrige Ernte. Für Keridwen war das kein Grund zum Aufgeben. Als schwarze Henne erspähte sie das Korn, pickte es auf und verschluckte es. Neun Monate später gebar sie ein Kind, das sie sicher getötet hätte, wäre es nicht so schön gewesen. So steckte sie das Kleine in eine lederne Tasche und überließ es in einem Boot dem offenen Meer.

Nun hatte Gwyddno, dessen Pferde vergiftet worden waren, an seinem Strand eine Reuse zum Lachsfang liegen. Sein Sohn Elphin, der nicht zu den Intelligentesten zählte, benützte sie zum Fischen. Eines Tages bemerkte er darin das Boot, welches die Flut an den Strand getrieben hatte, und nahm die lederne Tasche mit, um sie seinem Vater zu zeigen. Gemeinsam entdeckten sie das kleine Kind und waren von seiner Schönheit so angetan, daß sie es aufzogen wie ihr eigenes.

So verlief das Schicksal von Taliesin dem Barden, der in vielen Liedern die Menschen rühmte, welche ihn retteten und ihm ein Heim schenkten. Da seine Gedichte magische Wirkung hatten, wuchsen Ansehen und Reichtum von Gwyddno und seinem Sohn, bis sie sogar König Artus' Aufmerksamkeit und Wohlgefallen erweckten. Elphin konnte jedoch zum falschen Zeitpunkt nicht den Mund halten und geriet in große Schwierigkeiten.

Gleichzeitig fühlte sich der junge Taliesin berufen, den Weg zum königlichen Hof zu suchen. Am Tage seiner Ankunft unterhielten die Barden und Spielleute gerade ihre Lehensherren. Taliesin unterbrach sie in einer Weise, daß sie nicht mehr in der Lage waren, ihr Programm fortzusetzen; sie konnten nur noch das Geräusch imitieren, welches Taliesin mit dem Mund vormachte. Ihr Anführer Heinin protestierte wütend:

»O König, wir sind nicht vom Wein betrunken, sondern verdrossen von diesem Quälgeist, der noch fast ein Kind ist und hinten in der Ecke sitzt.«

Taliesin wurde sofort zum König gebracht, wo er Auskunft über seine Person und seine Herkunft geben mußte. Er antwortete mit den folgenden Versen:

Ich bin Elphins erster Barde,
Und meine eigentliche Heimat liegt im Land der
    Sommersterne;
Idno und Heinin nannten mich Merddin,
Aber die Könige werden mich mit dem Namen Taliesin
    rufen.

Ich war mit meinem Herrn in den höchsten Himmeln,
Als Luzifer in die Tiefen der Hölle fiel.
Ich trug Alexanders Banner;
Ich kenne die Namen aller Sterne von Norden bis Süden;
Ich war in der Milchstraße vor dem Thron des
  Wachenden;

Ich war in Kanaan, als man Absalom tötete;
Ich war am Hof von Dõn vor der Geburt Gwydions;
Ich war der Lehrer von Eli und Enoch;

Ich konnte schon reden, bevor ich die Gabe der Sprache
  hatte;
Ich war am Ort der Kreuzigung von Gottes barm-
  herzigem Sohn;
Ich war dreimal im Gefängnis von Arianrhod;
Ich war oberster Leiter des Turmbaus von Nimrod.
Ich bin ein Wunder, über dessen Herkunft man nichts
  weiß.

Ich war mit Noahs Arche in Asien;
Ich habe die Zerstörung von Sodom und Gomorrha
  beobachtet;
Ich war in Indien, als Rom erbaut wurde;
Ich komme nun hierher, zu den Ruinen Trojas;
Ich war bei meinem Herrn in der Eselskrippe;

Ich stand Moses in den Wassern des Jordan bei;
Ich stand mit Maria Magdalena am Firmament;
Ich habe meine Gaben aus Keridwens Kessel;
Ich war der Barde Lleons von Lochlin;
Ich war auf dem weißen Hügel, am Hofe von Cynvelyn.

Ein Jahr und einen Tag lang lag ich in Fesseln,
Ich hungerte für den Sohn der Jungfrau,
Ich wurde im Lande des Gottes aufgezogen;
Ich bin der Lehrer aller Denkenden;
Ich kann das ganze Universum unterweisen.

Ich werde leben, bis der Tag des Jüngsten Gerichtes über
  die Erde kommt;
Dann wird man wissen, ob mein Körper Fisch oder
  Fleisch ist.
Dann blieb ich neun Monate lang
Im Schoß der Hexe Keridwen;
Eigentlich war ich der kleine Gwion,
Doch in Zukunft werde ich Taliesin heißen.[1]

Daraufhin wurden Elphin und die Barden des Königs sofort von ihrem Unglück befreit.

Leider existiert von diesem Gedicht nur eine Version,
die schon vom Christentum verfälscht wurde und das Original nur noch erahnen läßt. Derartige Bearbeitungen wurden schon in früheren Jahrhunderten mit Mißbilligung betrachtet. Giraldus Cambrensis beklagt, daß in seinem Zeitalter »die einfachen Werke der Barden mit modernen und
deplazierten Passagen verunstaltet werden«.[2]

Die keltischen Barden und Druiden waren der Überzeugung, daß Keridwen über die verborgenen Mysterien ihres
Kultes herrschte, dem sie mit ihren geheimen Initiationsriten huldigten. Cynddelw, der in der Mitte des zwölften
Jahrhunderts lebte, singt: »Wie geheimnisvoll sind doch
die Lieder Keridwens. Und wie wichtig ist es, ihren wahren
Sinn zu verstehen!« Llywarch ap Llewlyn schrieb zwischen
1160 und 1220 und berichtet von einer Inspiration, die noch
von Keridwens Kessel herrührt, und davon, »seinem
Herrn mit den Gaben und dem Talent Keridwens zu huldigen, der Herrin des Bardentums«.[3] Alle Barden, welche
die hohe Kunst des Liedes anstrebten, mußten vom Trank
der Inspiration aus ihrem Kessel trinken – mit anderen Worten, Mitwisser ihrer Mysterien werden.

Die magische Stadt Emrys, die im Walisischen die Stadt
von Dinas Affaraon oder der »höheren Mächte« genannt
wird, lag angeblich in der Gegend von Snowdon. Dort
lebte eine Gemeinde von Druiden und Barden, die sich auf
die magischen Künste verstand, wie im *Black Book of
Caermarthen* berichtet wird. Weiterhin versteckte man in

dieser Stadt zur Zeit von Bilé und Pyrdain, dem Sohn Aedds des Großen, jene Drachen, die der Legende zufolge vor den Wagen Keridwens gespannt wurden. Der Hintergrund könnte sein, daß in dieser Gegend bedeutende Erdenergien beobachtet wurden. Taliesins eigene Aufzählung der Zutaten des berühmten Trankes finden sich in einem seiner Gedichte, das ich in einem späteren Kapitel zitieren werde. Das nach der Zeremonie übriggebliebene Gebräu enthielt alles an Bösem und Giftigem, was von den läuternden Riten nicht vertrieben worden war. Der Kessel selber wurde bei Caer Sidi oder Caer Pendryvan aufbewahrt. Bei den neun Jungfrauen, die ihn mit ihrem Atem erwärmten, handelte es sich vermutlich um Druidinnen, die im Dienste der dreigestaltigen Göttin standen und in der Magie unterrichtet waren. Pomponius Mela berichtet, daß »man von ihnen glaubte, sie hätten einzigartige Kräfte. Sie konnten die Winde und das Meer befehlen, sich aber auch in jedes beliebige Tier verwandeln, Wunden oder unheilbare Krankheiten lindern und die Zukunft voraussagen.«[5]

Viele Gelehrte sind der Ansicht, daß die neun Frauen mit den Priesterinnen anderer Kulte und Religionen vergleichbar sind, beispielsweise der Circe, Galatian Artemis oder Demeter. Davies deutet sie mehr als Feenvolk, dessen Gewogenheit von den alten Priestern durch magische Riten beschworen wurde.

In den Lehren der Druiden wird des öfteren auf ein bestimmtes Schlangenei angespielt (siehe das Gedicht über Merlin in Kapitel 14). Davies sieht in einem Gedicht des Barden Aneurin eine Beziehung zum magischen Kessel:

> Die Versammlung tanzte und sang, mit Girlanden geschmückt. Das Klappern der Schilder um den magischen Kessel herum machte sich in der ausgelassenen Stimmung laut bemerkbar. Es war schön anzusehen, wie jener Ball über die Furt geschleudert wurde, seine Strahlen weithin sendend, diese leuchtende Hinterlassenschaft der Natter.[6]

Pliny meint zu diesem Ei:

Es gibt eine weitere Art von Ei, wie man sie in Galliens Provinzen überall kennt, während sie den Griechen nicht bekannt ist. Im Sommer umschlingen sich zahllose Schlangen zu einem großen Ball, der ausschließlich mit den Körpern und durch Speichel zusammengehalten wird. Man nennt dieses Phänomen »anguinum«. Die Druiden sagen, daß die zischenden Schlangen das Ei, welches man mit einem Mantel auffangen muß, in die Höhe schleudern. Es darf den Boden nicht berühren und muß auf einem schnellen Pferd sofort weggeschafft werden, denn die Schlangen nehmen unverzüglich die Verfolgung auf und lassen sich einzig von einem Fluß daran hindern. Die Druiden behaupten, daß man das Ei nur an einem bestimmten Tag der Mondperiode nehmen kann, so als ob es den Menschen gegeben wäre, auf den Mond Einfluß zu nehmen. Ich habe selber eines dieser Eier gesehen, das von runder Form war und ungefähr die Größe eines kleinen Apfels hatte. Die Schale war knorpelartig und hatte kleine Erhöhungen, wie der Arm eines Polypen. Die Druiden verehren es sehr. Sie sagen, daß es in Rechtsangelegenheiten sicheren Erfolg verspricht und günstigen Empfang bei Königen garantiert. Ich kann jedoch nur das Gegenteil bestätigen, denn ein römischer Edelmann verbarg während einer Gerichtsverhandlung ein solches Ei unter seinem Mantel und wurde von Kaiser Claudius allein aus diesem Grunde zum Tode verurteilt.[7]

Man war über diese Schlangeneier also geteilter Meinung. Prähistorische Perlen aus blauem und grünem Glas, manchmal mit weißen Verzierungen versehen, werden in einigen Gebieten von Cornwall, Wales und Schottland »Schlangensteine«, in Irland hingegen »Druidenglas« genannt.

Sie sind bei weitem älter als die christliche Ära auf den Britischen Inseln. Die Druiden waren den walisischen Barden auch als »Naddred« oder »Nattern« bekannt, denn so wie die Schlange ihre Haut abstreift, ist auch der Priester nach den Riten des betreffenden Kultes geläutert und wiedergeboren.

In vielen Mythologien, besonders den Schöpfungsgeschichten, wird dem Ei eine besondere Bedeutung zugemessen. So verwundert es nicht, daß die Druiden annahmen, das Universum sei aus zwei Eiern entstanden. Die alten Syrer glaubten, daß ihre Götter und Vorfahren aus Eiern geschlüpft seien. Davies weiß zu berichten, daß »im Tempel der Dioscouri in Laconia« ein großes, mit Hieroglyphen versehenes Ei aufgehängt war, das manchmal der Lena, zuweilen aber auch Nemesis zugeordnet wurde, der Göttin der Gerechtigkeit. Es wurde von einer Schlange umfaßt, einem weiteren Symbol für die unausweichliche Vorsehung oder die Erneuerung des Lebens aus einem totenähnlichen Zustand, so wie die Schlange sich durch das Abstreifen ihrer Haut verjüngt.[8]

Um auf die Geschichte Keridwens zurückzukommen: Wie kann sie mit den uralten Initiationsriten in Verbindung gebracht werden, obwohl der Mythos erwähnt, daß ihre Lebenszeit mit der Regentschaft König Artus' zusammenfällt? Das *Buch von Taliesin* enthält wohl episierte Fassungen des Göttinnenritus, die von einem mittelalterlichen Sujet überlagert werden, ähnlich wie die Artuslegende. Davies bemerkt hierzu, daß »Artus in der Sage eine überlieferte Figur ist, die nichts mit dem gleichnamigen Prinzen zu tun hat, der Anfang des sechsten Jahrhunderts lebte«.[9]

Mit der walisischen Gruppe »The Druids of Pontyprid« erlebte das Druidentum gegen Ende des letzten Jahrhunderts eine Renaissance. Nachdem er dreißig Jahre lang die Lehren des Christentums verkündet hatte, widmete sich ihr Oberhaupt Myfyr Morganwg auf sehr gewissenhafte Weise dem Glauben seiner Vorväter und vertrat diese Position auch öffentlich. Er war aufgeschlossen genug, um die Gemeinsamkeiten zwischen seiner Position, zeitgenössischen Religionen und auch den klassischen Mythen zu erkennen.

Sein Nachfolger wurde Owen Morgan, besser bekannt als »Morien«, der sein Bild der walisischen Druiden in dem

Werk *The Light of Britannia*« aus dem Jahre 1898 darlegte. Er verfaßte zu diesem Thema weitere einschlägige Bücher und konsultierte hierzu wie sein Vorgänger die verschiedensten Quellen. Nach seiner Auffassung wurde der alte Glaube folgendermaßen gegründet:

Die Druiden nannten den Schöpfer Celi und seine Gemahlin Ced oder Keridwen. Sie glaubten, daß das Firmament ein riesiges Rad sei, in dem die Sonne auf einem Stuhl sitzend ihre tägliche Runde absolvierte. Die Götter Ceri und Keridwen schufen die kleinsten Teilchen, aus denen das Universum besteht. So entstand unter Einwirkung der vier Elemente, die das Wachstum der ersten Lebensformen bis zum heutigen Bild unseres Planeten begünstigten, jede Art von Materie. Das kreative Moment ist dabei eher weiblichen und passiven Charakters. Es wurde jedes Frühjahr in einem heiligen Boot mit der Form des wachsenden Mondes von Keridwens magischen Kräften über die Meere gesteuert, mit derselben Energie, die das Feuer unter ihrem Kessel erhielt.

Die aktive Kraft wurde von den Druiden Celi zugeschrieben und fand ihre Verkörperung in Gwion Bach. Man glaubte auch, daß Sonne und Erde aus zwei Eiern in Keridwens Boot entstanden waren. Taliesin war der Name der zweitgeborenen Sonne. Er war ebenfalls als Hu Gadarn, Arthur und Hesus bekannt und bestellte in der Person des Arthur den großen Garten der Erde. Außer Hu Gadarn findet man die anderen Namen der Sonne in der Dreiergruppe Plennyd, Alawn und Gwron wieder. Auch die Erde betrachtete man als Triade, bestehend aus Frühling, Sommer und Winter, den drei Königinnen des Arthur. Die negativen Prinzipien stellte man durch die drei Männer Avagddu, Cythraul und Atrais mit ihren weiblichen Entsprechungen Annhras, Malen und Mallt dar.

Die Druiden gingen von der ewigen Existenz der festen Materie und des Wassers aus. Beides war vom passiven, weiblichen Prinzip durchdrungen und hatte seinen eigenen Tierkreis, in dem die verschiedenen Zeichen jeweils für entsprechende Seiten des Gottes standen. Die Tagund-

nachtgleiche nannte man im Frühling Eilir (zweite Generation) und im Herbst Elvest (Ernte), die Sonnenwende des
Sommers hieß Havhin (sonniges Wetter), die des Winters
Arthan (Artus' Jahreszeit, zu der er als Schütze der Sonne
die Mächte der Dunkelheit mit Pfeil und Bogen be-
kämpft).

Die Erde war als Buarth Beirrd bekannt. Ihre Fruchtbarkeit wurde durch eine weiße Kuh symbolisiert, die wachs-
tumsfördernde Sonne mit einem weißen Bullen versinnbildlicht. Insgesamt zählten jeweils drei dieser Tiere zum
heiligen Zirkel der Druiden und trugen die Namen der
zuvor erwähnten Dreiergruppe. Die Kühe, welche man
auch als die drei Gattinnen von Artus bezeichnete, waren
Personifikationen der drei Stufen des Erdenjahres.

Die Sonne stand als Erstgeborene Keridwens für das
weibliche Prinzip ein. Sie wurde zur Vermittlerin des
Schöpfers, der alljährlich am 20. Dezember seinen allego-
rischen Tod stirbt und gemeinsam mit anderen wichtigen
Göttern an St. David's Head ins Meer stürzt.

Die göttliche Sonne wurde durch einen Zaunkönig symbolisiert. Um Geld zu erhalten, war es Brauch, in einer
kleinen Schachtel einen Zaunkönig durch den Ort zu tragen, während der Bittsteller in einem Lied seine Armut beklagte. Die Bewohner der Isle of Man veranstalteten zur
Wintersonnenwende eine Jagd auf den kleinen Vogel, bei
der man den Zaunkönig mit ausgebreiteten Flügeln an
einen langen Pfosten fesselte und danach zum Gedenken
des Todes der alten Sonne begrub.

Morgan bemerkt zum Keridwen-Mythos, daß er eine
kosmische Allegorie darstellt. Taliesin, die Sonne, trat mit
Hilfe des brodelnden Kessels oder der kosmischen Energien in Erscheinung, die den Stoff zusammenfügen, aus
dem die Sterne gemacht sind. Der Kessel ist somit Empfän-
ger der göttlichen Essenz oder dem, was die abstrakten
Energien zu festen Formen werden läßt. Die drei Tropfen,
welche Gwion zur Weisheit verhalfen, stehen für das drei-
einige Wort des Schöpfers.

Die Verbindungen des druidischen Glaubens zum alten

Stierkult von Minos, Mithras und Apis sind offensichtlich. Hu Gadarn ist zweifellos mit dem keltischen Gott Esus identisch, dem man mehr auf dem Kontinent begegnet. Keridwen, Taliesin oder Gwion wurden zwar auch auf dem Festland verehrt, die Legenden entstanden aber ursprünglich im Gebiet des heutigen Wales. Zudem hat Keridwen vieles mit der irischen Dana und der Göttin Brigantia gemeinsam. Wir wollen die Grundsätze dieses Weltbildes noch einmal kurz zusammenfassen. Die Sonne wurde als göttliches Zentrum betrachtet. Hu Gadarn, Esus oder Taliesin hatten den Thron auf der Nabe des goldenen Rads inne. Seine Demiurgen Celi und Keridwen waren für die Schaffung des Universums verantwortlich, was darauf hinweisen könnte, daß Keridwens Kessel den Planeten selber darstellt, in dem alles den Initiationsriten und der spirituellen Reifung unterworfen wird. Keridwen ist demnach die göttliche Mutter, die sich mit Celi vereinigt. Man könnte den Kessel auch als jenes heilige Boot interpretieren, welches die Frühform allen Lebens über die Wasser der Ozeane trug. Das Bild der weißen Stiere und Kühe ist in so vielen frühen Kulturen verbreitet, daß man erneut für die Theorie einer einzigen, vorzeitlichen Quelle plädieren könnte.

Die Symbolik des Schiffes spielt im Okkultismus wie auch in der modernen Psychologie eine wichtige Rolle. Die alten Gewässer der tiefsten Schichten des Unterbewußten müssen ins wache Verständnis gerufen werden. Mit anderen Worten, der Eingeweihte muß sich mit der dunklen Seite seiner selbst konfrontieren oder in die Regionen von Pwyll hinabsteigen, um zu den höheren Sphären der Wahrheit und des Wissens zu gelangen. Der Vorgang wurde schon auf viele verschiedene Arten beschrieben, die aber letztlich auf dasselbe zielen. Wir alle haben in den verborgenen Tiefen unserer Persönlichkeiten Fehler, die wir, wenn sie uns überhaupt bewußt sind, sorgfältig von der Außenwelt abschirmen – eine zweifelhafte Errungenschaft dessen, was man heute zivilisiertes Verhalten nennt, denn um so mehr liefern wir uns der Macht des Unterbewußten und nicht mehr Steuerbaren aus. Als einzige Möglichkeit bleibt vorerst, die Hindernisse auf dem Weg zu höherem Verständnis und weiterem Horizont allein zu bestehen.

1. Graves, *The White Goddess,* S. 81 f.
2. Davies, *The Mythology and Rites of the British Druids,* S. 55.
3. Spence, *The Mysteries of Britain,* S. 79.
4. Ebd., S. 80.
5. Ebd., S. 83.
6. Ebd., S. 84.
7. Ebd., S. 85.
8. Davies, S. 208.
9. Ebd., S. 187.

19. Feen und Tiere in der keltischen Mythologie

Zu den Elfen werde ich in diesem Kapitel auch jene Wesen und Naturgeister zählen, die normalerweise unter der etwas zweideutigen Bezeichnung »Middle Kingdoms« aufgeführt werden.

Einige Forscher sind der Meinung, daß die keltischen »Sidhe« oder Elfen lediglich Totengeister sind, während sie von anderen als ein Stamm von Pikten oder Priesterinnen eines bestimmten Kultes bezeichnet werden. Beides ist äußerst unwahrscheinlich. Die Überlieferung besagt, daß sie entweder in einem düsteren, unterirdischen Reich oder einem Land, das paradiesähnliche Züge trägt, zu Hause sind. Die Elfenkönigin warnte Thomas den Dichter davor, die Äpfel vom Baum ihres Gartens zu essen, denn von der Speise der Toten zu kosten, war mit der Unmöglichkeit jeder Wiederkehr verbunden. Ähnliches berichtet der griechische Persephone-Mythos. Die keltische Überlieferung bezeichnet diesen »Ort der Äpfel« als Avalon oder Tir-nan-og, Land der Sehnsucht des Herzens, was schwerlich mit der Unterwelt in Einklang zu bringen ist.

Der schottischen Legende zufolge wurden die weisen Frauen des Landes einst von einer Elfe in verschiedenen Künsten unterrichtet. Dies verweist auf die irische Sage der Tuatha de Dannans, welche in einer anderen Dimension die Gestalt von Elfen annehmen, um von dieser Warte aus beobachten und gegebenenfalls helfen zu können.

Die Vorstellung, daß Feen von kleiner Gestalt seien, kann verschiedene Ursprünge haben. Ein Glaube, den es schon vor der Steinzeit gab, hält die Urbevölkerung der Britischen Inseln für kleingewachsene Höhlenbewohner. Er könnte verschiedene Variationen erfahren haben, bis hin zu den Elfen und Kobolden des Volksglaubens und der Mythen. Die Feen der keltischen Sagen sind jedoch von normaler menschlicher Statur; die irische Sidhe, Morgan le Fay, Vivien und die irische Y Mamau ebenso wie die bretonischen Elfen oder jene schottischen Feen, die den Hexen und Zauberern ihr Handwerk beibrachten.

Das Motiv des Kindsraubs findet man in den keltischen Sagen überaus häufig. Nach alten Legenden wurde ein Baby nach seiner Geburt in einem unbeaufsichtigten Moment oder während die Mutter schlief von einer Elfe mit einem Kind ihres eigenen Volkes vertauscht, so daß es die Gelegenheit hatte, in einer anderen Welt aufzuwachsen. Einige der berühmtesten historischen und mythologischen Gestalten entstammen der Vereinigung einer menschlichen Mutter mit einem unsterblichen oder göttlichen Vater. Alexander der Große lebte in diesem Glauben, man nahm von Shakespeare mitunter an, daß er übernatürlicher Herkunft sei, und sogar in unserer Zeit behaupten bestimmte Leute noch, nicht von dieser Erde zu stammen.

Spence ist der Meinung, derartige Legenden entstammten einem alten Glauben, dem zufolge die Seelen der Toten wiederkehren, um in den Körpern von Kindern weiterzuleben. Neben den Wesen, welche die vier Elemente Feuer, Wasser, Erde und Luft bewohnen, gibt es noch Naturgeister und Dryaden.

Über die Geister der vier Elemente gibt es eine Vielzahl von Literatur. Darunter möchte ich besonders das Werk *Comte de Gabalis* aus dem späten achtzehnten Jahrhundert von Abbé de Villars hervorheben. In seinem Buch *The Occult Sciences* widmet A. E. Waite diesem Thema ein ganzes Kapitel, welches zum Interessantesten zählt, was zu den Naturgeistern verfaßt wurde.[1] Persönlich bin ich der festen Überzeugung, daß so etwas wie das »Middle Kingdom« existiert – ein Reich, das sich unserem rationalen Weltverständnis noch nicht ganz erschließt und von Wesen bevölkert wird, von denen wir nur wenig ahnen können.

Bevor wir die magische Bedeutung der vier wunderbaren Gaben der Tuatha de Dannans einer näheren Betrachtung unterziehen, sollte einiges über den jeweiligen Charakter der vier Elemente vorausgeschickt werden. Der Salamander steht für Kreativität, Begeisterung, Energie, Tapferkeit und Loyalität; die Sylphen für Intellektualität, Schnelligkeit, Kommunikation und Anpassungsfähigkeit; die Ondines repräsentieren Emotionen, Aufnahmefähigkeit, Verständnis und Sympathie, die Gnome verkörpern schließlich Erwerb, Wohlstand und den Sinn für das Ökonomische. Auch mit den vier Leidenschaften, wie sie Hippokrates anführt, sind die Elemente gekoppelt: Feuer – sanguinisch; Luft – cholerisch; Wasser – phlegmatisch und die Erde – melancholisch.

Jedes dieser vier Königreiche wird zudem mit einem bestimmten magischen Attribut gekoppelt, das in den betreffenden Riten eine wichtige Rolle spielt. Das Feuer wird traditionellerweise mit der Rute, dem Stab oder der Lanze in Verbindung gebracht, die Luft mit dem Schwert, das Wasser mit dem Kelch oder Becher, und die Erde wird durch Pentagramme, Schilde oder geheiligte Steine repräsentiert. Die Symbole mußten nicht unbedingt konkrete Gegenstände mit magischer Bedeutung sein, sondern standen für ein bestimmtes Wissen um das Wesen und die Macht der betreffenden Elemente. Die alten Völker wußten noch um diese Dinge, und diese Vertrautheit verhalf ihnen zu einem höheren Bewußtsein und einem weiteren Horizont.

Das wichtigste Symbol der keltischen Weltanschauung, der Kessel, erscheint nun in neuem Licht. Er wird von Keridwens Feuer, dem Atem von fünf Jungfrauen oder der Sonnenhitze erwärmt. Die gefühlsbetonte, flexible und aufnahmebereite Mentalität der Kelten war sicher stark dem Wasser verbunden und zusätzlich von der Glut und Kreativität des Feuers beeinflußt. Ihre Zauberer waren im magischen Medium der Luft zu Hause. Warum verloren sie so plötzlich ihre Widerstandskraft, die von Cäsar und anderen Zeitgenossen so sehr bewundert wurde? Die Antwort liegt in ihrer Distanz zum Element der Erde.

Die magischen Zahlen geben hierüber weiteren Aufschluß. Die »3« ist Jupiter gewidmet und steht in Verbindung mit der keltischen Expansion. »5« ist Merkurs und auch Merlins Zahl. Sie bedeutet die Erforschung der Regionen des Unterbewußten durch den Intellekt; die »9« des Mars steht für die Tapferkeit im Kampf und die »7«, dem Neptun geweiht, schließlich für die Aufnahmebereitschaft und die romantische Ader der Kelten. Nur wenn die »9« mit »8« multipliziert die magische Zahl »72« ergibt, entsteht die notwendige Disziplin und wird der göttliche Beistand hilfreich eingreifen.

Ein kurzer Blick auf seine heiligen Tiere gibt uns weiteren Aufschluß über den Charakter dieses außergewöhnlichen Volkes. Die Vögel spielten eine wichtige Rolle, angeführt vom Zaunkönig. Adler, Falke, Reiher, Schwan, Rabe, Krähe, Taube, Ente und sogar die Henne hatten bestimmte symbolische Eigenschaften, während der Kranich in einigen Stämmen tabuisiert und nicht gegessen wurde, obwohl man ihn auch als Symbol für Fruchtbarkeit ansah.

Zu den heiligen Tieren zählten des weiteren Ochse, Bär, Stier, Hirsch, Widder, Ziege, Hund, Luchs und Löwe. Einige waren Totentiere gewisser Stämme und andere bestimmten Göttern geweiht: die Henne etwa Keridwen und der Ochse Hu Gadarn.

Schließlich sollte man in diesem Kapitel auch die Ungeheuer der mündlichen Erzähltraditionen erwähnen. Graves weiß einiges darüber zu berichten und ist der Ansicht, daß manche dieser Geschöpfe wie Zerberus, die Chimären, der Drache und das Einhorn für unterbewußte Wünsche und Vorstellungen stehen.

Der rote Drache wurde stets mit den britischen Völkern in Zusammenhang gebracht. Uther, der Vater des Artus, wurde als Drache mit dem Namen »Pendragon« geboren. Der weiße Drache bedeutete nicht immer Wohlwollen und stand später für die Invasion der Sachsen. C. A. Cirlot bezeichnet in seinem *Dictionary of Symbols* den Drachen als Fabelwesen und symbolische Figur, die man in primitiven, klassischen und auch orientalischen Kulturen auf der ganzen Welt findet.[2]

Die Magier der Kelten wußten um die Drachen- oder Leylinien, deren Energieadern unseren Planeten kreuzen, mit Sicherheit Bescheid. Sie sind organischer Bestandteil der Mutter Erde selber. Sie zu verstehen hieß, vieles vorhersehen zu können und von daher eine bestimmte Machtposition innezuhaben.

Aufgrund ihrer romantischen Veranlagung hatten die Kelten jedoch auch eine starke Beziehung zum Einhorn und seiner Bedeutung. Graves ist der Meinung, daß es im Kalender die Sonnenjahre des Boibel-Loth-Alphabets repräsentiere. In den *Indica* des Ctesias, einem Historiker aus dem fünften Jahrhundert v. Chr., findet man die ersten schriftlichen Beschreibungen des Einhorns. Er berichtet, daß das Horn weiß, schwarz und rot war, was nach Graves die Farben der dreigestaltigen Mondgöttin sind. Das Tier wurde auch mit den ägyptischen Obelisken und den Göttern Ra und Sirius in Zusammenhang gebracht. Cirlot bemerkt hierzu:

Die Symbolik des Einhorns steht für Reinheit, aber auch für das Schwert oder Wort Gottes. Gewöhnlich wird es als weißes Pferd mit einem Horn, das auf dem Kopf wächst, dargestellt. Sein Körper ist weiß, sein Kopf rot, und es hat blaue Augen. Wenn es verfolgt wird, kann es unermüdliche Kräfte entwickeln und läßt sich nur vor einer Jungfrau demütig zu Boden fallen. Von daher symbolisiert es auch sublimierte Geschlechtlichkeit. Jung beschäftigte sich in seinem großen Vergleich zwischen Alchimie und Psychologie ausführlich mit diesem Tier und kommt dabei auch zu dem Schluß, daß man dem Einhorn keine eindeutige Symbolik zuordnen kann, sondern viele verschiedene Überlieferungen und Varianten berücksichtigen sollte (zu denen auch der Schwertfisch oder bestimmte Typen von Drachen zählen). Zuweilen verwandelt es sich in eine weiße Taube.[3]

Diese Charakterisierung ist sehr sachlich gehalten und entspricht kaum dem poetischen und stark naturverbundenen keltischen Idiom. Ich begegnete einem Buch mit dem Titel *De Historia et Veritate Unicornis*. Es handelt sich dabei um das Faksimile eines Werkes aus dem fünfzehnten Jahrhundert, das von einem geheimen Mönchsorden aufbewahrt wurde und unter ungewöhnlichen Umständen in meinen Besitz gelangte. Es enthält viel von der okkulten Weisheit dieses alten Volkes. Der Leser mag sich vom folgenden Auszug, der Einflüsse der Atlantislegende wie auch der keltischen Mythologie verrät, selber eine Meinung bilden.

Ich werde in der Dunkelheit verschwinden.
In die Nacht, die vom Menschen geschaffen wurde.
Aber die Sonne wird durch die Finsternis brechen.
Und wenn ich verloren bin, werde ich gewonnen haben.

Freiheit! Ich rufe die Menschen
In neuen Ländern jenseits der Meere an;
Kommt auf den schmalen Wegen zu mir.

Man kann am höchsten und am weitesten reichen,
Und doch nicht dahinter blicken.
Suche dir einen Pfad, der dir zeigen wird,
Wie der Gesunkene wieder aufsteht,
Wie man die Leere füllt,
Und wie ein ruheloses Herz
Schließlich sein Ziel findet.

Suche den großen Stein, und versehe ihn mit einem Zeichen,
Damit der Folgende sieht,
Daß es meiner ist.
Und wenn er ihn erblickt,
Wird er nachdenken und sicher zum selben Schluß
Wie die Alten gelangen, die sagten:
»Wie oben, so auch unten.«

Und ich werde die Quelle von allem Großen bewachen.
Ich warte, und meine Tränen
Fließen weder aus Sorge noch aus Freude.
Sie schimmern nur silbern am Boden.
Ich bin das Einhorn.[4]

1. Waite, A. E., *The Occult Sciences*, S. 1–49.
2. Cirlot, C. A., *Dictionary of Symbols*, S. 81.
3. Ebd., S. 337f.
4. Green, Michael. *De Historia et Veritate Unicornis*, S. 64.

20. Die Bedeutung von Tanz und Musik
in der keltischen Magie

Die Musik spielt eine überragende Rolle in unserem Leben. In jüngerer Zeit verstand man es, sie kommerziell zu nutzen, Kapital aus ihr zu schlagen und die Leute mit seichter Unterhaltungskost einzuschläfern. Die alten Völker hingegen wußten sie als Mittel zu benutzen, die höheren Sphären des Bewußtseins zu erforschen.

Man kannte beide Wirkungen der Musik: ihre heilende Kraft und die Möglichkeit der negativen Beeinflussung. David spielte auf seiner Harfe, um Saul zu heilen, und als »Elisha von den aufdringlichen Königen gepeinigt wurde«, ließ er einen Spielmann rufen, »über den die Hand des Herrn kam, als er anfing zu spielen«. Apollo beschwichtigte Argus, Orpheus zähmte wilde Tiere und bezauberte sogar die Unterwelt. Asclepiades nahm schon um 100 v. Chr. zweitausend Jahre Schalltherapie gegen Schwerhörigkeit vorweg, und auch Plato betonte bereits die Wirkung adäquater Musik. Die Araber schätzten etwa ab dem dreizehnten Jahrhundert ihre heilende Kraft, und selbst Galen empfahl sie gegen bestimmte Krankheiten. Die Schamanen primitiverer Völker stimmten zu passenden Gelegenheiten verschiedene Gesänge an, aber es waren besonders die keltischen Barden, welche sich durch umfassende Kenntnis und Kunstfertigkeit in musikalischen Dingen auszeichneten.

Die Erde wurde auch der Planet der Musik und Heilkunst genannt, und mit der Musik ist die Wissenschaft von den Tönen aufs engste verbunden. Durch die Vibrationen des Schalls können die Kräfte, welche die Atome und Moleküle zur festen Materie fügen, nachhaltig beeinflußt werden. Coelius Aureliamus bemerkte die besonderen Regungen des Körpers beim Flötenspiel. Ein unerwartetes, lautes Geräusch kann uns vollkommen aus der Fassung bringen – wir fahren förmlich aus der Haut, wie man sagt. Töne können auch Reaktionen im Nervensystem hervorrufen und spezifisch auf unsere Gemütsverfassung wirken. Der

Stoff, aus dem die Musik gemacht ist, kann manipulieren und zerstören, aber auch schöpferisch wirken. Die Formung und Anwendung dieser Möglichkeiten für die Zwecke der Magie liegt somit nahe.

Man sagt, daß jede Person einen eigenen Klang ausstrahlt, der durch das Intonieren einer entsprechenden Tonfolge auf der Geige festgestellt werden kann. Sobald die passende Frequenz erklingt, verspürt die betreffende Person einen besonderen Kitzel im Nacken. Auch die Natur strahlt einen Ton aus, welcher der Note »F« entspricht und damit in Zusammenhang mit der großen Göttin steht.

Ebenso spielt die latente Kraft der Bewegung, meist in Verbindung mit Musik, eine große Rolle in der Magie. Sämtliche Kulturen entwickeln eigene Tanzrhythmen, passend zu den kultischen, zeremoniellen oder religiösen Anlässen. Die keltische Musik kann man noch aus der Folklore erahnen, wie sie auf den Britischen Inseln und überall dort, wohin die alten Kelten kamen, gespielt und gesungen wird.

Die Tatsache, daß etwa die Moriskentänze bis heute überlebten und sich großer Popularität erfreuen, spricht für ihre Wirkung auf die britische Mentalität. Keltische Elemente kann man vor allem noch in den traditionellen Tänzen Irlands und Schottlands erkennen.

Die Moriskentänze haben ihren Ursprung in den alten Fruchtbarkeitsriten, mit denen man das Wachstum der Getreidefelder begünstigen wollte. Rituelle Anlässe sind stets mit vollkommener Konzentration verbunden, die durch entsprechende Körperbewegungen und die Rezitation von Versen oder Gesängen unterstützt werden kann. Sämtliche Religionen entwickelten im Lauf der Zeit kräfteregenerierende Riten. Jeder, der einmal einer derartigen Zeremonie oder einem solchen Tanz beiwohnte, wird das Energiefeld beobachtet haben, welches anläßlich solcher Ereignisse entsteht und die Beteiligten in den Bann seiner Wirkung zieht.

Die Zeremonie, die man am ersten Mai in Padstow abhält, ist hierfür ein gutes Beispiel. Wenn man einmal Zeuge der gefühlsgeladenen Atmosphäre dort war, wird einem bewußt, wie wenig man bestimmte Kräfte und Fähigkeiten nutzt, die in jedem von uns stecken. Die Mühe und das erforderliche Maß an Studium würden sich bezahlt machen.

Ich war kürzlich in Padstow und sprach mit einem der Ansässigen über das Fest. Man entgegnete mir, daß junge Paare des öfteren in den angrenzenden Wäldern verschwinden, obwohl es sich ursprünglich nicht um einen Fruchtbarkeitsritus handelte. Man war auch über die sogenannten »Volksliedexperten« verärgert, die verschiedene, aber meist unpassende Versionen des Mailiedes darboten. Das Lied veränderte sich im Laufe der Jahre wohl in einem Maße, daß die aktuelle Fassung mit der ursprünglichen nicht mehr viel gemeinsam hat, was auch nicht verwundert.

Kundige Freunde rieten mir, besonderes Augenmerk auf die Klagelieder zu richten, die mir eine besondere und wertvolle Erfahrung vermittelten.

Cornwall ist ein adäquater Ort für die Pflege der alten keltischen Künste. »Wir müssen dankbar sein, daß wir von Cromwell verschont blieben«, wie eine alte Dame der Gegend mir gegenüber bemerkte.

Die folgende Fassung des Mailiedes stammt von Bob Stewart. Ich bitte meine Leser zu berücksichtigen, was ich über die verschiedenen Versionen dieses Liedes bereits bemerkte.

Das Padstow-Mailied

Nachtlied

Laßt uns uns alle vereinen,
Denn der Sommer steht vor der Tür.
Und darum treffen wir uns alle
Am schönen Maimorgen.

Ich warne die jungen Männer,
In den Wald zu gehen und ihre Jungfrauen nach Hause
    zu führen.

Steht lieber auf, um an der Freude teilzuhaben,
Denn schön ist die Braut, welche an eurer Seite liegt.

Steht auf, Mädchen, und euer Ring wird golden sein.
Reicht uns einen Becher Ale, und wir werden um so
  schöner singen.

Erhebt euch in euren grünen Kleidern, Frauen,
Ihr seid ebenso vornehm wie die Damen der Königin.

Auf Wiedersehen, wir wünschen euch alles Gute,
Und kommen vor dem nächsten Jahr nochmals an
  euer Haus.

Nachtlied

Laßt uns uns alle vereinen,
Denn der Sommer steht vor der Tür.
Und darum treffen wir uns alle
Am schönen Maimorgen.

Erhebt euch, Männer, ich weiß, wie gut es euch heute
  geht,
Ihr habt einen Schilling in eurer Tasche, und ich
  wünschte, es wäre meiner.

Kommt alle aus den Betten,
Eure Zimmer werden mit weißen und roten Rosen
  geschmückt werden.

Wo bleiben die jungen Männer, die hier tanzen sollten?
Einige sind in England, andere verweilen in Frankreich.

Wo bleiben die Jungfrauen, die hier singen sollten?
Sie sind in die Wiesen gegangen, um Blumen zu
  pflücken.

Steht auf, Männer, mit dem Schwert an der Seite,
Euer Roß steht im Stall und wartet auf euch.

Erhebt euch, Mädchen, und streut eure Blumen aus,
Es ist schon eine Weile her, daß wir unsere verstreuten.

Klagelied

Wo bleibt der hl. Georg?
Wo bleibt er nur?
Er sitzt in seinem Nachen
Auf dem salzigen Meer.

Der Drachen steigt hoch
Und die Lerche fliegt herab
Ursula hatte ein altes Schaf
Und sie starb in ihrem Garten.

Mit frohem Läuten verabschiedeten wir den schönen
    Frühling.
Wie glücklich ist doch der kleine Vogel, der fröhlich im
    Baume singt.

Wenn die jungen Männer von Padstow nur wollten,
Könnten sie ein Schiff bauen und es mit Gold
    schmücken.

Wenn die jungen Frauen von Padstow nur wollten,
Würden sie eine Girlande aus weißen und roten Rosen
    binden.

Erhebt euch, ihr Herren, und reicht mir eure Hand,
Und ihr werdet ein fröhliches Mädchen zur Seite haben.

Erhebt euch, ihr Frauen in den Kleidern aus Seide,
Eure Haut schimmert darunter wie weißer Schnee.

Refrain des Klageliedes

Auf Wiedersehen, wir wünschen euch alles Gute,
Und kommen vor dem nächsten Jahr nochmals an euer
    Haus.[1]

Steward bemerkt auch, daß den Texten dieser alten Lieder
seltener christliche Inhalte als matriarchalische Aussagen
zugrunde liegen, was auf die alten Kelten und die Urbe-
wohner der Inseln verweist.
Wer sich näher mit dieser magischen Musik und der ur-

sprünglichen Art und Weise des Vortrags befaßt, sollte nicht zu sehr auf die diesbezüglichen Experten hören. Die Redundanz bestimmter Reime und Rhythmen, in Verbindung mit den immer wieder vorkommenden modalen Themen, war auf eine ganz bestimmte psychologische Wirkung abgestimmt. Mit anderen Worten, man musizierte sehr bewußt nach festgefügten Mustern. Die meisten Volkslieder entstammen einer sehr präzisen musikalischen Vorstellung. Die keltischen Druiden verstanden sich in einer solchen Tradition, die mündlich überliefert wurde und die melodische wie textliche Gestaltung ihrer Musik bestimmte.

Auch der Plainsong oder Plainchant stammt noch aus dieser Verbindung von Musik und Magie. In der Volksschule wurde ich seiner okkulten Macht erstmals bewußt. Als ich mich später näher damit befaßte, beobachtete ich, daß nicht jeder für die besondere magische Wirkung des Plainsong empfänglich ist und daß er von manchen sogar als verstörend empfunden wird. Dennoch stand er jahrhundertelang im Dienste der großen orthodoxen Religionen und Mönchsorden, deren Anhänger Trost in seinen Melodien fanden.

Es gibt Gründe dafür. Der Plainsong ist eine Musik für höhere Bewußtseinsstufen, die nichts mit den niedrigeren, physischen Regionen gemeinsam haben. Feinnervige Menschen, die Lärm verabscheuen, fühlen sich oft von dieser Art Musik angezogen und fasziniert, während Leute, die nur kurze Zeit allein in einem Raum verbringen und sofort das Radio oder Fernsehgerät einschalten, wenig Sensibilität und Verständnis dafür beweisen. Zur richtigen Gelegenheit kann der Plainsong überaus entspannend und ausgleichend wirken. Für seine Bedeutung im Okkultismus der Frühzeit spricht die Tatsache, daß die Themen des Plainsongs oft in Volksliedern keltischen oder vorkeltischen Ursprungs auftauchen. Als Beispiel möchte ich »Victimae paschali laudes« und »Terri tremuit« aus Sequenz und Offertorium des Propriums der Ostermesse vorstellen. Wenn man die Melodien mit bekannten Volksliedern wie etwa »Scarborough Fair« vergleicht, wird man schnell erkennen, was ich mit der Gegenüberstellung zum Ausdruck bringen möchte.

Seq. 1. Victimæ paschá-li láudes * Immo-lent Christi-á-ni. Agnus redémit óves : Christus innocens Pátri reconci-li-ávit peccató-res. Mors et ví-ta du-éllo confli-xé-re mirándo : dux vítæ mórtu-us, régnat vívus. Dic nóbis Marí-a, quid vidísti in ví-a? Sepúlcrum Christi vivéntis, et gló-ri-am vídi resurgéntis : Ángé-licos téstes, sudá-ri-um, et véstes. Surréxit Christus spes mé-a : præcédet sú-os in Ga-li-læ-am. Scímus Christum surrexísse a mórtu-is vere : tu nóbis, víctor Rex, mi-seré-re. Amen. Allelú-ia.

Offert. 4. Terra * trému-it, et qui-é-vit, dum resúrge-ret in judí-ci-o Dé-us, al-le-lú-ia.

Aus den Texten der Volksmusik sprechen oft jene beiden Charaktere, die sich mit dem zweigestaltigen keltischen Gott identifizieren lassen. Sie äußern sich jeweils auf sehr spezifische Weise: der Gott des Lichtes und der Herr der Finsternis. Beide sind unter einer Vielzahl von Namen bekannt: The Green Man, Jack in the Green, Jack in the Bush, The Garland, Robin of the Wood, Robin Hood, May Man und King of the May. Dieser rästelhafte Charakter verkörpert das dualistische Konzept des Lebens, das dem Tode folgt. Oft wird in diesem Zusammenhang noch die schöpferische Kraft der alten Baummagie thematisiert. Janet und Colin Bord sind der Meinung, daß so unterschiedliche Figuren wie der mittelalterliche wilde Mann der Wälder und der grüne Ritter der Artuslegende (auch symbolisch für ein Leben durch den Tod zu verstehen) hier ihren Ursprung haben – ebenso wie viele alte Abbildungen in Kirchen, die nicht christlicher Herkunft sind. Der Glaube an die alten Naturgötter ist noch nicht ganz gestorben. Andere Gemeinsamkeiten der alten Volkslieder mit dem keltischen Glauben kann man aus der Symbolik des Schiffes und des Zaunkönigs ersehen.

Eine Stelle aus dem Padstow-Lied läßt erahnen, daß Schiffe in den frühen Kulturen eine herausragende Bedeutung hatten:

Wenn die jungen Männer von Padstow nur wollten,
Könnten sie ein Schiff bauen und es mit Gold
    schmücken.[2]

Auch in der ägyptischen Religion wird dem Schiff eine symbolische Aussage zuerkannt. E. Witt beschreibt in seinem Buch *Isis in the Graeco-Roman-World* detailliert die Schiffsprozession zu Ehren dieses Gottes, woraus man die Ähnlichkeiten zwischen der keltischen Keridwen und der ägyptischen Isis schön erkennen kann. Der Zaunkönig war Bran dem Gesegneten geweiht. Das Ritual dieses Kultes kann man aus dem Volkslied »The Cutty Wren« rekonstruieren.

The Cutty Wren[3]

Wohin gehst du? sagt Milder zu Malder,
Wir werden es dir nicht erzählen, sagt Festle zu Fose,
Wir ziehen zum wilden Wald, sagt John the Red Nose.
Wir ziehen zum wilden Wald, sagt John the Red Nose.

Und was wirst du dort tun? sagt Milder zu Malder,
Wir werden es dir nicht erzählen, sagt Festle zu Fose.
Wir jagen den Zaunkönig, sagt John the Red Nose.
Wir jagen den Zaunkönig, sagt John the Red Nose.

Wie willst du ihn erlegen?
Mit Pfeil und Bogen …

Das wirst du nicht …
Aber was geschieht dann?
Ich bringe Gewehre und Kanonen!

Wie willst du ihn heimbringen?
Auf den Schultern vier starker Männer …

Das wirst du nicht …
Aber was geschieht dann?
Ich komme mit einem großen Wagen.

Wie willst du ihn zerlegen?
Mit Messern und Gabeln.

Das wirst du nicht …
Aber was geschieht dann?
Ich bringe ein großes Beil mit.

Wie willst du ihn zubereiten? …
In Töpfen und Pfannen.

Das wirst du nicht …
Aber was geschieht dann?
Ich koche ihn in einem großen Messingkessel.

Wer wird von ihm essen?
Wir geben das Fleisch den Armen.

Eines der populärsten unter den alten Volksliedern ist zweifellos der »Dilly Song«, von dem es zahlreiche, meist kabbalistische Interpretationen gibt:

Einer von ihnen ist immer allein und wird es auch
  bleiben
Zwei von ihnen sind lilienweiße Knaben, grün gekleidet
Drei von ihnen sind fremd und Förster in der weiten Welt
Vier ist die Stunde, da die Blume blüht
Fünf ist der Vogel, den man selten sieht, aber stets hört
Sechs ist der Fährmann, der sein Boot über den Strom
  lenkt
Sieben sind die sieben glänzenden Sterne am Firmament
Acht ist die Morgendämmerung, zu der die Welt erwacht
Neun ist der fahle Mondschein
Zehn vergibt alle Sünden, fange von zehn noch einmal
  an.[4]

Erst vor dem Hintergrund des alten keltischen Glaubens wird die Bedeutung dieser Verse klar. Ich deute sie folgendermaßen:

1. Die kreative Kraft oder einzige Gottheit, in der alle anderen Götter aufgehen.
2. Die beiden männlichen Hauptgötter der Kelten, der Herr des Lichtes und der Fürst der Finsternis.
3. Die wandernden Kelten selber, deren geheiligte Zahl die Drei war.
4. Der vierte Baum im keltischen Baumalphabet ist die Erle. Sie war Bran dem Gesegneten geweiht, dessen Schwester Branwen durch die Blume dargestellt wird.
5. Die heilige Zahl der keltischen Götter. Sie steht auch für Merlins Stimme.
6. Das Boot Keridwens und Charons Fähre – die Initiation oder das Recht, den Weg durch die Gewässer des Unterbewußten zu versuchen.

7. Die heilige Zahl der Meeresgötter. Diese weisen den Seeleuten über die Sterne den Weg.
8. Die Zahl des Urteils oder der Auferstehung.
9. Die dreigestaltige Mondgöttin mit den neun Jungfrauen, die den heiligen Kessel bewachen.
10. Die Notwendigkeit, zu unseren Wurzeln zurückzukehren und sich selbst zu finden, um die Mysterien verstehen zu können.

1. Stewart, Bob, *Where is Saint George?*, S. 129 ff.
2. Ebd. S. 67.
3. Ebd. S. 15.
4. Ebd. S. 81.

DRITTER TEIL

FORMEN KELTISCHER MAGIE

21. Götter und Archetypen

Um das Wesen jeder Art von Magie verstehen zu können, ist es wichtig und ratsam, sich vorerst mit den Bräuchen, der Geschichte sowie den Göttern und Archetypen des betreffenden Glaubens auseinanderzusetzen. In den beiden ersten Teilen dieses Buches versuchte ich aufzuzeigen, wie der keltische Mystizismus mit den älteren Religionen der Britischen Inseln zu einer spezifischen Glaubenshaltung verschmolz. Mein Bestreben war dabei, den Leser mit der okkulten Macht der Sagen und Riten vertraut zu machen.

Im folgenden möchte ich versuchen zu zeigen, wie das Wissen um die alten Legenden und Bräuche Anwendung in der rituellen Praxis fand.

Eines möchte ich noch vorausschicken: Bei der keltischen Magie handelte es sich *nicht* um ein starres System mit festgelegter Rollenverteilung, auch wenn diese Einschätzung in gewissen Kreisen auf heftigen Widerspruch stoßen wird. Im ägyptischen Okkultismus versucht man, sich in die Position einer der Götter und Göttinnen zu versetzen, in der griechischen Magie ist die Identifikation mit einem der Unsterblichen, dem man sich am meisten verwandt fühlt, verlangt. Wer Erfahrungen in der keltischen Magie sucht, muß sich mit Geduld wappnen. Natürlich ist es ebenso wichtig, die entsprechende Literatur zu studieren und über die verschiedenen Aspekte des keltischen Glaubens zu meditieren. Die Erfüllung und Vertrautheit mit einem der keltischen Götter erreicht man jedoch erst nach einer unbestimmten Zeit des Wartens. Ratsam ist es auch, von vorgefügten Ideen und Vorstellungen abzulassen, denn die Hoffnung auf Erfüllung eines bestimmten Erwartungshorizonts wird oft enttäuscht. Statt dessen sollte man sich ganz auf die Sache konzentrieren.

Als Anhänger der alten britischen Legenden beschäftigt man sich mit Artus, dem geistigen Vater der Briten, und wartet auf sein Erscheinen. Zur sozialen Rollenbestimmung in der aktuellen Gesellschaft ist im Lauf der Zeit immer mehr Distanz geboten, denn die Dominanz des Männlichen läßt sich schlecht mit dem matriarchalisch geprägten keltischen Weltbild vereinen. Manch einer fühlt sich zu Keridwen oder Morgan der Zauberin hingezogen. Anhänger der großen Muttergöttin widmen sich mit Vorliebe der Jugenderziehung. Wem Morrigan erscheint, wird zu mehr Selbständigkeit und zur Pflicht ermahnt, aufzustehen, um seine Rechte gegen jene zu vertreten, die ihm einen bestimmten Lebensstil diktieren wollen.

In den vorangegangenen Kapiteln stellte ich die bekannteren unter den keltischen Göttern in Zusammenhang mit den fünf Hauptprinzipien vor. Wem sich der Betreffende am stärksten verbunden fühlte, wurde weniger von ihm selber als von seinem entsprechenden Schutzgott bestimmt. So konnte auch die dreigestaltige Gottheit in jeder ihrer Erscheinungsformen auftreten, je nachdem, wie sie es für angemessen hielt. Der Sonnengott nahm etwa die Gestalt von Artus oder Taliesin an, der Hexenmeister jene Merlins. Es kam also auf das Verständnis eines zugrundeliegenden Prinzips an, das zur Essenz der keltischen Religion gehört. Die äußere Gestalt spiritueller Erscheinungen war nur von sekundärer Bedeutung.

Wir wollen den Archetyp der dreifachen Göttin analysieren. Sie repräsentiert die drei wesentlichen Seiten der menschlichen Psyche – mit Begriffen der modernen Psychologie ausgedrückt: das rationale, das praktische und das instinktive oder inspirative Element. Letzteres hängt stark mit dem Unterbewußtsein, das in der keltischen Mythologie durch die »dunkle Göttin« versinnbildlicht wird, zusammen.

Die zweigestaltige männliche Gottheit verkörpert den Dualismus zwischen rechter und linker Gehirnhälfte.

Obwohl die keltische Mentalität und Religion insgesamt zum Weiblichen, Intuitiven tendiert, ist mit den Archetypen Artus, Lugh oder Gwydion das aggressive und kämpferische Moment stark vertreten. Die Götter des Lichts waren oft Dichter und Musiker, gleichzeitig aber auch Krieger – ebenso wie die keltischen Göttinnen und Frauen den Legenden und zeitgenössischen Berichten zufolge Seite an Seite mit den Männern in die Schlacht zogen. Auch die Kenntnis der Sterne und die Bedeutung der Zahlen spielte eine wichtige Rolle in der keltischen Magie. Da von den Druiden jedoch nur wenig schriftlich festgehalten wurde, ist man hierin auf Spekulationen angewiesen.

Sich mit der Magie der Druiden zu beschäftigen, bedeutet also, sich für einen ihrer Götter zu sensibilisieren, was man alleine, aber auch in einer Gruppe versuchen kann. Dabei ist der eher praktische, rituelle Weg ebenso möglich wie eine kontemplative Annäherung. Für meine Person fühle ich mich am stärksten zu dem Charakter von Keridwen der Zauberin hingezogen. Als Wassergöttin repräsentiert sie das menschliche Unterbewußte. Ihr sind die Farbe Silber und das Gestirn des Mondes sowie die Symbole Kessel, Boot und Getreideähre zugeordnet. Welche ihrer Erscheinungsformen und Sinnbilder sie wählt, um dem Willigen zu erscheinen, ist ihre Entscheidung und läßt sich nicht vorherbestimmen. Ähnlich wie bei der ägyptischen Isis, von der man sagte, daß sie jedem Mann alles sein konnte, sind verschiedene Varianten denkbar. Das Symbol des Pferdes, das Element Wasser und die Farbe Grün sind die Attribute der Rhiannon. Jeder, dem Wahrheit und Gerechtigkeit viel bedeuten, kann zu ihr beten, und wer die Unbilden des Lebens allzu fatalistisch sieht und erträgt, kann von ihrer Kraft profitieren. Sie hilft bevorzugt den Schwachen und bestärkt sie darin, neuen Mut zu fassen und die eigenen Rechte durchzusetzen.

Taliesin, dessen Symbol die Harfe ist, vertritt wie viele Götter, denen die Elemente Feuer und Wasser am nächsten stehen, die künstlerische Ader der Menschen, darunter besonders das dichterische und musikalische Talent.

Wie aus diesen kurzen Charakterisierungen schon deutlich wird, fällt kreativ veranlagten Menschen die Identifikation mit der keltischen Welt besonders leicht. Verständnis für das Schöpferische ist bei weitem wichtiger als umfassende Kenntnis und fleißige Lektüre und stellt eine wichtige Vorbedingung für diese besondere Art von Meditation dar. Um den Schaffensprozeß kennenzulernen, sollten sich interessierte Menschen durchaus selber an Gedichten und kleineren Musikstücken versuchen, auch wenn auf Anhieb kein publikationsreifes Niveau erreicht wird. Die Legende von Keridwen lehrt uns, daß man tief in die Bereiche des Unterbewußten hinabtauchen muß, bevor einem die Türen wahrer Kreativität geöffnet werden.

22. Der Kontakt zu den Middle Kingdoms

Mit den vier heiligen Gaben der Tuatha de Dannans wiesen uns die Götter selber den Weg zu den Middle Kingdoms. Zu diesen vier Türen existieren jedoch ebenso viele passende Schlüssel, und nur die Wahl des richtigen garantiert den Erfolg.

Die wichtigste Bedingung dafür sollte man aber schon von seiner Persönlichkeit her erfüllen. Wer charakterlich dem Wesen der gewählten Elemente nicht verwandt ist, wird auf vielfältige Probleme stoßen, und so wird jemand, dem es an Mut und Idealen mangelt, die Feuergeister vergebens anrufen. Leute, die unpraktisch veranlagt sind und auch nicht mit Geld umgehen können, sollten keine Kontakte zu den Gnomen knüpfen, während langsame Denker, die in unflexiblen Lebensformen erstarrt sind, bei den Sylphen sicher keinen Beistand finden werden.

Viele fühlen sich zu den Bereichen keltischer Magie hingezogen, die im Zeichen des Verständnisses und der Kommunikation mit den Naturkräften stehen. Flüsse, heilige Haine, magische Steine und alte Bäume sind Hüter tiefer Weisheit und Erkenntnis. Eine enge Beziehung zu ihnen läßt an ihrer Kraft, Energie und Güte teilhaben. Dies kann mit rituellen Handlungen, aber auch durch ganz alltägliches Verhalten erreicht werden, wie wir sehen werden. Für jene, die sich gerne mit einem fest strukturierten Rahmen identifizieren, wollen wir zuerst den zeremoniellen Weg erläutern.

Hierfür ist es nötig, Nachbildungen der vier heiligen Gaben zu postieren und den Altar in der Farbe des Elements zu halten, zu dem eine kommunikative Beziehung aufgebaut werden soll. Die Symbole der vier Elemente befinden sich in der entsprechenden Himmelsrichtung: die Erde nördlich, das Feuer südlich, die Luft östlich und das Wasser gegen Westen.

Jedem Element ist eine Farbe, ein Ton und ein bestimmtes Metall zugeordnet. Goldene Materialien gehören zur Erde und zum Feuer, während silberne Metalle mit Wasser und Luft assoziiert wurden. In ihrer reinsten Ausprägung sind die Farben und Töne der Elemente: Orange und das D für Feuer, Blau und das G für Wasser, Gelb und das E für die Luft sowie Grün und die Note F für die Erde. Die Melodien der Solargötter hatten Dur-Charakter, während zur musikalischen Beschwörung des Dunklen Königs mehr mollverwandte Harmonien erklangen. Pflanzen, Kleidung und kultische Gegenstände waren in der Farbe des Elements gehalten, auf welches man sich konzentrierte. Nicht zuletzt sind saubere, übersichtliche Räume sowie eine entspannte Stimmung für diese Art von Meditation wichtige Voraussetzung. Für die Anrufung einer bestimmten Gottheit mögen die beiden folgenden Beispiele genügen; der dritte Vers hat mehr beschützenden und vorbereitenden Charakter:

Rhiannon: Du kommst geschwind,
Freundliche Rhiannon, und überwindest
mit deinem Roß die Gestade der Schuld.

Gwydion: Komme so, wie du es für richtig hältst,
teurer Barde,
In einem Gewand, wie es deiner Macht entspricht,
und segne diesen Ort.

Dreimal zu diesem Ort, um zu wirken,
Dreimal gesegnet in deinem Tanz und
Dreimal geläutert in deinem Feuer.

Die Anrufung kann auch mit eigenen, wohlgewählten Worten geschehen. Wichtig ist es, Befehlsformen zu vermeiden und eine konzentrierte, entspannte Stimmung sowie den nötigen Respekt zu finden, um sich auf eines der vier Elemente oder einen Gott zu besinnen. Normalerweise folgten einer Anrufung des Feuers die der Elemente Wasser, Luft und schließlich die Erde. Es ist zu empfehlen, diese traditionelle Reihenfolge einzuhalten. Nach geglücktem Kontakt folgen einige selbstgewählte Dankesworte, um die Begegnung zu beenden.

Es ist auch möglich, über die verschiedenen Gestalten der Middle Kingdoms zu meditieren, um über ihre charakteristischen Fähigkeiten Hilfe zu empfangen. Die schädliche Einwirkung von Drogen ist strikt zu vermeiden, denn sie kann die Konzentration auf die dunklen Bahnen destruktiver Energien und die Regionen des Dunklen Königs lenken. Die Geschichte liefert mehr als ein Beispiel, wie besonders begabte, kreative und sensible Menschen, die nicht mehr Herr ihrer Sinne waren, die mentale Kontrolle verloren und ab einem gewissen Stadium fatale Konsequenzen tragen mußten.

Doch wir wollen zu den freundlicheren Aspekten der Middle Kingdoms zurückkehren. Das Elfenvolk besitzt große Heilkräfte, die entweder durch passende Kräuter, Pflanzen oder eine besonders glückliche Meditation aktiviert werden können. Offenheit, Friedfertigkeit und Dankbarkeit machen sich stets bezahlt. So kann beispielsweise bei bestimmten organischen Krankheiten die Besinnung auf das Element des Wassers helfen, während das Feuer bei der Bewältigung verfahrener Lebenssituationen seine Kraft entfaltet. Materielle Sorgen fallen in die Domäne der Gnome. Konzentration und Entspannung im Idion keltischer Weltanschauung und Mythologie sind sicher nicht die einzige Möglichkeit, seinen Weg gewinnbringender zu gestalten. Wer jedoch mit der nötigen Sensibilität und romantischen Ader einen Sinn dafür entwickelt, wird dankbare Erleichterung empfinden und eine wertvolle Stütze in unserer disharmonischen Welt erhalten.

23. Baummagie

Es existiert eine Vielzahl von Lebensformen auf unserer Erde, die wir nicht immer mit demselben Maß an Aufmerksamkeit wahrnehmen. Während es für weniger sensible Menschen mitunter problematisch ist, sich auf die abstraktere Spiritualität der Elemente einzustellen, treten die Baumgeister in konkreter, leicht erkennbarer Form zutage. Sie werden nach der Tradition Dryaden genannt, können je nach Baumart verschiedene Erscheinungsformen annehmen und stellen ihre besondere Intelligenz auf unterschiedliche Weise in den Dienst der Menschen. So entfalten einige Bäume heilende Kräfte, während andere Wächter, Beschützer, Chronisten oder Vermittler natürlicher Weisheit sind. Aufgrund ihrer starken Verbundenheit mit der Natur waren sich die alten Kelten sehr wohl der Rolle bewußt, welche die Bäume im Alltagsleben, aber auch in der Religion spielen konnten.

Ohne die offensichtlichen okkulten Konnotationen zu vernachlässigen, ist es doch nützlich, auch die praktischen Aspekte und die Anwendbarkeit des überlieferten Wissens von den Bäumen in Betracht zu ziehen. Dabei ist ihre heilende Kraft besonders interessant. Die Heilkräuterkundigen verwendeten jahrhundertelang Baumrinden, um die verschiedensten Leiden zu lindern:

KASTANIENBAUM hilft, Ängste und Sorgen zu überwinden.

EßKASTANIE vertreibt chronischen Kummer.

ULME hilft gegen Frustrationen und die Unfähigkeit, sich den konkreten Anforderungen des Lebens zu stellen. Mindert Existenzängste, die so oft von Verdauungsproblemen begleitet sind.

BUCHE von diesem Baum sagt die Überlieferung, daß er die Tugend der Toleranz vermitteln kann.

LÄRCHE fördert die Physis und verhilft zu allgemeinem Wohlbefinden.

EICHE	beruhigt den motorischen Apparat sowie das Nervensystem. Hilft, besonders komplizierte, bedrohlich gewordene Probleme zu bewältigen.
TANNE	insbesondere die Pinien sind bei Bronchienleiden sehr zu empfehlen; eine Therapie, die in einigen Schweizer Kliniken erfolgreich praktiziert wird.

Mit der entsprechenden Bereitschaft kann man den Charakter wie die Kraft der Dryaden kennenlernen und sogar eine freundschaftliche Beziehung zu den Bäumen aufbauen. Sie besitzen jedoch ihre eigene Persönlichkeit. Wer zu den materialistisch veranlagten Menschen gehört, die in ihnen nur eine untergeordnete Lebensform sehen, wird sie auch nicht als Vermittler von Wissen und Weisheit akzeptieren lernen.

Das Reich der Bäume oder die Region der Dryaden ist im »Zustand des Beobachtens« angesiedelt, um einen okkultistischen Begriff zu verwenden. Mit anderen Worten, Bäume sind unbeweglich. Sie schlagen ihre Wurzeln an einem bestimmten Ort, den sie nicht mehr verlassen können. Besonders alte Exemplare wie der Mammutbaum gleichen im Lauf der Zeit einer fixen Beobachtungsstelle des kosmischen Gedächtnisses, unbeeinflußt von den Wirren menschlicher Angelegenheiten.

Um mit dieser besonderen Lebensform langsam vertraut zu werden, ist es empfehlenswert, sich die Monate, Jahreszeiten und die dreizehn Stationen aus Kapitel 17 zu vergegenwärtigen und eventuell abzuschreiben. Aus den dreizehn Stationen lassen sich Riten ableiten, wobei einiges zu berücksichtigen ist. Die betreffenden Stationen sind in der Reihenfolge jener Zahlen angeordnet, die ihnen geweiht sind. Sie drücken also keine Hierarchie oder gewisse Prioritäten aus, wie ich bereits erwähnte.

Der kabbalistische Weg ist, sich vom Anfang des vollkommenen Chaos immer weiter in strukturierte Stadien vorzuarbeiten. Wer jedoch zu einem bestimmten Baum eine besondere Affinität spürt, kann auch an diesem spezielleren Punkt beginnen. Zur besseren Orientierung habe ich ein kleines Baumdiagramm entworfen.

Zuweilen wurden die Baumsymbole durch gleichbedeutende Planetenzeichen ersetzt, die ich für den astrologisch vorgebildeten Leser hinzufügte. Da neben den dreizehn Stationen von der heutigen Astrologie nur zehn Planeten anerkannt werden, habe ich die Erde selber hinzugefügt, durch das Zeichen ⊕ versinnbildlicht, sowie die beiden Planeten, die man noch nicht übereinstimmend in unserem Sonnensystem akzeptiert: Vulkan ♀ (nahe der Sonne) und Pan ⯛ (hinter der Umlaufbahn des Pluto).

Die rituellen Pfade erstrecken sich über 13/10/7/4/1 nach der 5, oder von 13 ausgehend nach 12/9/6/3 oder 11/8/5/2. Daneben ist natürlich eine Anzahl von Variationen möglich, die sich nach den jeweiligen Vorlieben richten. Das Passieren der zentralen Punkte ist mit einem Energiestoß verbunden, den der Meditierende deutlich spüren kann, zuweilen sogar mit der Konsequenz psychischen Ungleichgewichts. So empfiehlt es sich, mit dieser Art von Konzentration nicht in Streßsituationen zu experimentieren, sondern geduldig auf die nötige Ausgeglichenheit zu warten. Auf die Gefahren der Übertreibung wies ich bereits hin. Ebenso ist es naiv zu glauben, daß sich der Erfolg zwangsläufig und unmittelbar einstellen wird. Man sollte die meditativen Regionen auf dieselbe Weise verlassen, wie man sie betreten hat: mit der Berücksichtigung der Baumsymbolik und indem man die Insignien seiner eigenen Persönlichkeit hinterläßt. Vor der Konzentration auf den Baumkalender steht jedoch die Beschäftigung mit den Fairy Kingdoms und den vier Elementen.

Für jene, die mit den Hintergründen des rituellen Jahres noch nicht vertraut sind, möchte ich die zugehörige Geschichte kurz referieren: Die Königin ist die Schöpferin und gebiert den König im neuen Jahr. Am 2. Februar, dem Lichtmeßtag, gibt sie ihm einen Namen und rüstet ihn; am 23. März reitet er in vollem Glanz von dannen; am 30. April wird er ihr Liebhaber; am 24. Juni wird er von sei-

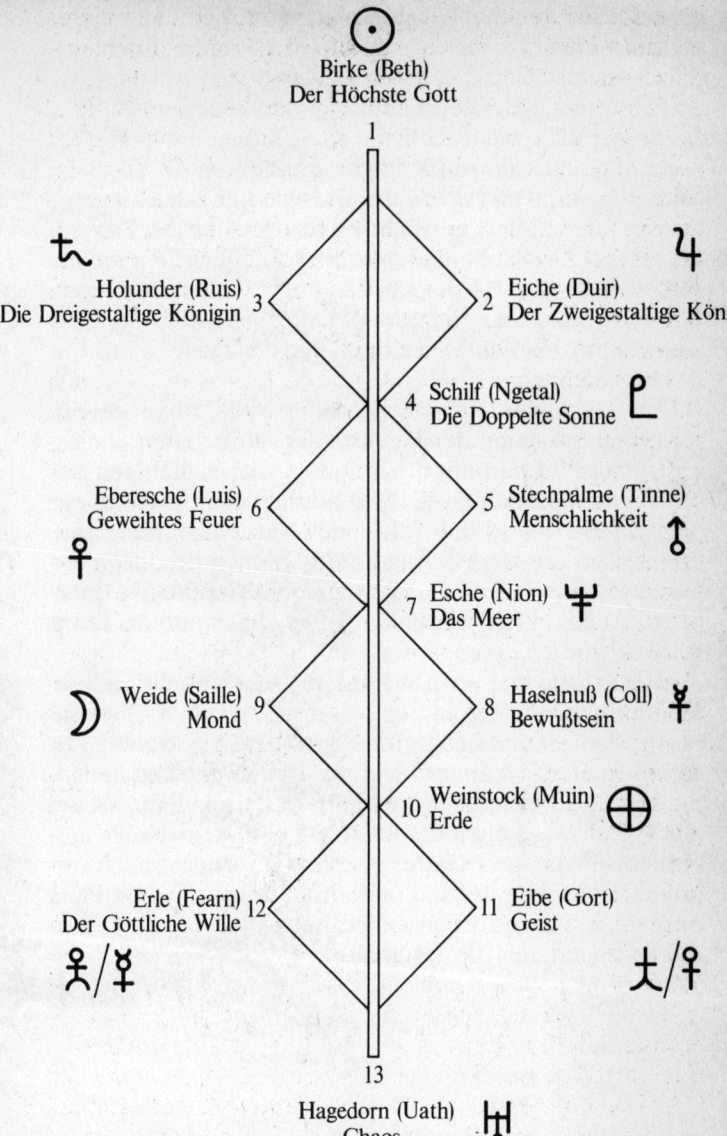

⊙
Birke (Beth)
Der Höchste Gott
1

Holunder (Ruis) 3
Die Dreigestaltige Königin

Eiche (Duir) 2
Der Zweigestaltige König

4 Schilf (Ngetal)
Die Doppelte Sonne

Eberesche (Luis) 6
Geweihtes Feuer

5 Stechpalme (Tinne)
Menschlichkeit

7 Esche (Nion)
Das Meer

Weide (Saille) 9
Mond

8 Haselnuß (Coll)
Bewußtsein

10 Weinstock (Muin)
Erde

Erle (Fearn) 12
Der Göttliche Wille

11 Eibe (Gort)
Geist

13
Hagedorn (Uath)
Chaos

187

nem eigenen dunklen Ich als Opfer gekreuzigt und sein Besitztum enteignet; am 2. August wird er symbolisch verspeist, wie das Korn, welches aus seiner Saat entstand, als er getötet wurde (der Ursprung der Eucharistie); am 22. September, wenn die Erde sich schon auf den Herbst vorbereitet, trauert die Königin um ihn; am 31. Oktober wird er in die Unterwelt entführt, wo seine Seele dann in Gestalt eines Adlers entfliehen kann, und am 22. Dezember sieht er nach vollendetem Werk schließlich dem Tod ins Auge, während die Königin sich auf die Geburt des neuen Jahres vorbereitet. Nach dem Namenlosen Tag tötet das kleine Kind den Dunklen König, und der Zyklus kann von neuem beginnen.

Die Geschichte ist natürlich allegorisch zu verstehen. Sie gründet sich auf den Wechsel der Jahreszeiten, ihr Erscheinungsbild und ihren Einfluß auf die vielfältigen Lebensformen unserer Erde. Ihre Bildhaftigkeit evoziert ein überaus poetisches und rührendes Naturverständnis. Sie erinnert an die alten Mirakel und Dramen, in denen die Geschichten solcher Figuren wie Robin Goodfellow, Jack-of-the-Green, Maid Marian und dem Drachentöter Georg gespielt wurden.

Man kann jedoch auch auf andere Weise Kontakt zu Bäumen aufnehmen. Sie in der Natur aufzusuchen, über sie nachzudenken und sich für ihre Kraft und Ausstrahlung zu sensibilisieren, ist ebenso legitim. Bäume können helfen, lindern und entspannend wirken, jeder auf seine Weise, denn auch das Leben der Pflanzen wird keineswegs ausschließlich von ihrer Gattung bestimmt, sondern auch von ihrem Entwicklungsstand und ihrem Lebensalter. Anders ausgedrückt, auch Pflanzen besitzen eine eigene Individualität, nicht nur die Menschen.

24. Artus und die Tafelrunde

In diesemThemengebiet überlagern sich zwei okkulte Ebenen und zwei verschiedene Glaubenshaltungen. Dieses ist zum Teil darauf zurückzuführen, daß zahlreiche Anhänger des Artuskultes christianisierte Fassungen adaptierten und darüber die früheren, wahren Ursprünge aus dem Blick verloren. Andere finden es wiederum einfacher, sich in die Symbolik des bretonischen Rittertums einzufühlen, als die Auseinandersetzung mit den alten Gottformen zu suchen. Viele interessieren sich besonders für die weltlichen Aspekte der Artussage. Die Legende hat ein sehr eigenes patriotisches Flair, das die Herzen derer höher schlagen läßt, die sich den alten Kelten noch verbunden fühlen.

Wir sollten jedoch bei denTatsachen bleiben und dürfen nicht dahin gelangen, daß die Phantasie mit uns durchgeht. So werde ich mit der tiefen Vergangenheit beginnen und die Bedeutungen der Gottformen erläutern, welche inVerbindung zur Königsgestalt des Artus stehen.

Bevor Geoffrey von Monmouth sein umfangreiches Werk verfaßte, war die Gestalt des Artus unter vielen Namen bekannt. Obwohl er in den *Mabinogion* auch in menschlicher Gestalt auftritt, stellten wir ihn bereits als einen Archetypen der tiefen Vergangenheit vor, den man vielleicht sogar im »alten Land« bereits kannte. Davies zufolge ist er mit Hu Gadarn identisch, der mit Hilfe seiner Ochsen das Ungeheuer Avanc aus denTiefen des Sees von Llion zog. Dabei zügelte er die Fluten und bewahrte die Anwohner vor einer großen Überschwemmung. In seiner Theorie sieht Davies Hu als eine Art walisischen Noah an, der vor dem endgültigen Untergang von Atlantis an unseren westlichen Ufern landete. Er stellt in seiner Untersuchung weitere interessante Vergleiche an und stößt dabei unter anderem auf Ähnlichkeiten zwischen ägyptischen und hellenischen Riten ebenso wie auf Parallelen zwischen dem Keridwenkult, der Eleusiana und dem Apiskult, was dieTheorie von einer ursprünglichen Quelle allenWissens erhärtet.

Der Archetyp des Artus erscheint durch die Riten der Keridwen, und der Barde Taliesin preist seinen Ruhm. Zuweilen nimmt er die Rolle von Keridwens Mann und Taliesins Vater ein, dann beherrscht er gemeinsam mit ihnen die himmlischen Regionen. Ein andermal erscheint Keridwen in Verbindung mit dem Element der Erde, wie in den *Mabinogion*. Die meisten dieser Sagen bergen noch Erinnerungen an alte Götter, Volkshelden oder, wie Davies vermutet, an Überlebende der großen Flut, die im Vergleich zu den Völkern, zu denen sie nach der Überschwemmungskatastrophe geflohen waren, ein ungleich fortgeschritteneres Wissen besaßen. Erst später integrierte man diese Gestalten in die Alltagsrealität der Könige, Ritter und Priester. Ein gemeinsames Merkmal dieser Legenden sticht jedoch hervor, unabhängig davon, welche Religion oder okkultistische Linie den Sagenstoff für sich vereinnahmte: Sie strahlen alle den unverkennbaren Charakter des keltischen Geistes aus.

Wir wollen uns nun vom ursprünglichen Archetyp abwenden, um uns auf die bekanntere und allgemein bevorzugte Version zu konzentrieren, wie sie von Malory wiedergegeben wird. Man kann Artus als frühen keltischen König ansehen, ohne daß dadurch die magische Symbolik dieser Gestalt und ihrer Gefolgschaft in Frage gestellt wird. Er war jedoch nicht selber Magier, sondern der zeitweilige Repräsentant von Merlins Macht, der die eigentliche okkulte Macht innehatte und die kosmischen Energien hinter dem Keltischen Strahl lenkte.

Der Überlieferung zufolge gab es neben dem König zwölf Ritter der Tafelrunde. Für den interessierten Leser möchte ich sie einzeln vorstellen und erklären, mit welchen Eigenschaften und Tugenden man sie jeweils identifizierte und welche Tierkreiszeichen ihnen zugeordnet sind. Auf die zugehörigen Planeten verzichte ich, da die Existenz von zwölf Himmelskörpern in unserem Sonnensystem noch umstritten ist.

Neben König Artus und seinen Rittern gibt es noch Guinevere, Morgan le Fay, die Drei Damen, den grausamen Mor-

Ritter	Tierkreis-zeichen	Eigenschaft
Sir Tristram	Aries	Der Ehrenhafte
Sir Galahad	Taurus	Der Freundliche und Redliche
Sir Lamorak	Gemini	Der Vornehme
Sir Bors	Cancer	Der Rechtschaffene
Sir Gawain	Leo	Der Gütige
Sir Gaheris	Virgo	Der Aufrichtige
Sir Percival	Libra	Der Beherzte
Sir Bedivere	Scorpio	Der Galante
Sir Lancelot	Sagittarius	Der Tapfere
Sir Gareth	Capricorn	Der Sachliche
Sir Geraint	Aquarius	Der Hilfsbereite
Sir Kay	Pisces	Der Bescheidene

dred und Merlin zu berücksichtigen. Sich nun mit den verschiedenen Repräsentanten arturischer Magie auseinanderzusetzen heißt, sich auf ihre Eigenschaften zu konzentrieren: Ehre, Redlichkeit, Vornehmheit, Rechtschaffenheit, Güte, Aufrichtigkeit, Mut, Galanterie, Tapferkeit, Objektivität, Hilfsbereitschaft und Bescheidenheit. Mordred vertritt die dualistische Energie, die unter mangelnder Kontrolle gewalttätige Kräfte freisetzen kann und den Herrn des Lichts tötet. Mit anderen Worten, er vertritt die dunkle Seite der Natur, das Id, welche in jedem von uns schlummert und auf die Gelegenheit wartet, auszubrechen und ihre zerstörerischen Kräfte siegreich zu unserem Untergang zu entfalten. Die Drei Damen stehen entweder für die dreigestaltige Gottheit oder die drei Seiten unseres Ichs, das Instinktive, das Rationale und das Intuitive, deren Gleichgewicht erhalten werden muß. Bei der eifersüchtigen Zauberin Morgan le Fay handelt es sich um Artus' Halbschwester, von der man sagt, daß sie heimlich in ihn verliebt gewesen sei. Sie repräsentiert die destruktive Macht der Emotionen, welche zum Scheitern so vieler Menschen beiträgt.

Wenn Artus im Rahmen seiner Gefolgschaft und in Begleitung der entsprechenden Tugenden erscheint, ist er der höchste Herrscher. In Zeiten der Abwesenheit verlassen ihn die positiven Kräfte jedoch, und die dunkle Seite seiner selbst wird verwundbar. Angeblich wurde Sir Lancelot vom See erst von der bretonischen Tradition an König Artus' Hof situiert. Als Bevorzugter zahlreicher Damen symbolisiert er die romantische Liebe. Einer Version zufolge verführte er sogar die Königin und rückt dadurch Artus selber in ein zwiespältiges Licht.

Wer die arturische Magie kennenlernen möchte, kann sich eine Liste dieser christianisierten Figuren zusammenstellen und sich dabei ihre besonderen Eigenschaften vergegenwärtigen. Die zwölf Ritter der Tafelrunde ergeben mit den zusätzlich erwähnten mythologischen Figuren eine Gruppe von zwanzig Charakteren, was der Anzahl von Buchstaben im Ogham- oder Boibel-Loth-Alphabet entspricht. Wenn man die dreigestaltige Gottheit oder die Drei Damen nur einfach zählt, besteht eine Parallele zu den ebenfalls achtzehn Buchstaben des alten Beth-Luis-Nion. Wer die dreigestaltige Gottheit in ihren individualisierten Aspekten darstellen möchte, kann Quert und Straif hinzufügen.

Es ist auch möglich, das Baum- oder das Ogham-Alphabet heranzuziehen, eine Reihe von *coelbren* zu konstruieren und ein typisches Wort oder Zeichen für den König, Ritter oder Unsterblichen hinzuzufügen. Als Beispiel mag die Liste auf der rechten Seite mit dem entsprechenden Baumalphabet genügen.

Diese Zusammenstellung sollte nur als Beispiel dienen und bietet Raum für viele Interpretationen und Veränderungen. Die Ursprünge des Ogham-Alphabets liegen in dunkler, magischer Vergangenheit, und so hatten auch die keltischen Druiden ein sehr verschwiegenes Verhältnis dazu.

Die Symbolik der Artuslegende birgt jedoch noch weitere beachtenswerte Aspekte, wie etwa die Tafelrunde. Es gibt eine Unzahl von Bedeutungen und Erklärungen dieses mythologischen Konzepts, welche oft die historische These von der Gleichheit ihrer Mitglieder außer acht las-

Beth-Luis-Nion	Gestalt
Beth	Artus
Luis	Bors
Nion	Kay
Fearn	Gaheris
Saille	Galahad
Uath	Geraint
Duir	Lancelot
Tinne	Tristram
Coll	Lamorak
Muin	Bedivere
Gort	Percival
Pethboc/Ngetal	Gawain
Ruis	Gareth
Ailm	Drei Damen/Dreigestaltige Göttin
Onn	Guinevere
Ur	Morgan
Eadha	Merlin
Idho	Mordred

sen. Unter anderem wurde erwähnt, daß ihre Zahl die dreizehn Stationen des Kreuzigungsweges symbolisiert und damit für die Ewigkeit Gottes steht.

Eine logischere Erklärung besagt, daß die Überlieferung von der Bretagne aus den Weg auf die Britischen Inseln fand. Das Idiom des Rittertums wurde erst später hinzugefügt. Vermutlich brachte man die Artuslegende mit geheimen religiösen und magischen Zirkeln in Verbindung, die sich mit der gnostischen Symbolik des rhombischen Dodekaeders beschäftigten. G. R. S. Mead schreibt hierzu:

Wenn uns die Aufgabe gestellt wird, einen Raum zu denken, der in kugelförmige Körper gleichen Durchmessers unterteilt ist, die gegenseitig angrenzen, stellen wir erfahrungsgemäß fest, daß diese Kugeln erstaunlicherweise von zwölf weiteren Kugeln eingegrenzt werden. Stellen wir uns weiterhin vor, diese Kugeln seien elastisch und auf eines dieser Zwölfersysteme wird von jeder Seite aus gleichzeitig Druck ausgeübt, so nimmt die dreizehnte, zentrale Kugel die Form eines rhombischen Dodekaeders an.[1]

Diese Figur ist ein halbregelmäßiger Körper mit zwölf Oberflächen, die rautenförmig sind und von Winkeln zu 70°, 32' und 109° 28' eingegrenzt werden.

Neben den zwölf Oberflächen gibt es vierzehn Scheitelpunkte und vierundzwanzig Ecken – Zahlen, die von besonderem okkultem Interesse sind, da sie mit den numerischen Proportionen und Harmonien unseres Planeten zusammenhängen. Valentinius, einer der großen Gnostiker, nahm diese geometrische Figur als Erklärungsmodell für seine Interpretation der Gnosis. Die zwölf Oberflächen sind gleichbedeutend mit dem zwölffachen Aspekt der Schöpfung, wie er unter anderem auch in unserem Sonnensystem zutage tritt: zwölf Tierkreiszeichen, zwölf Apostel, zwölf Stämme Israels, zwölf Ritter der Tafelrunde, zwölf olympische Götter und, gemeinsam mit den offiziell noch nicht anerkannten, zwölf Planeten unseres Sonnensystems.

Die Zahl vierzehn versinnbildlicht die Dualität der heiligen Sieben und die vierzehn Teile, in die Osiris' Körper nach seiner Ermordung durch Set zerfiel, während die Vierundzwanzig sich auf die Alten um den himmlischen Thron bezieht.

Die Summe aus zwölf, vierzehn und vierundzwanzig ergibt die heilige Zahl Fünfzig. Sie ist dem Stern Sirius geweiht: Sirius »B« braucht fünfzig Jahre, um Sirius »A« zu umkreisen.

Die Gnostiker und die Juden verliehen der Ziffer Fünfzig mehr als nur eine magische Bedeutung. Ihre geheiligte Zahl war die Sieben. Das Quadrat 49 stand für einen wichtigen Zyklus, und so feierte man den folgenden, fünfzigsten Tag mit einem großen Fest. (Pfingsten wird am fünfzig-

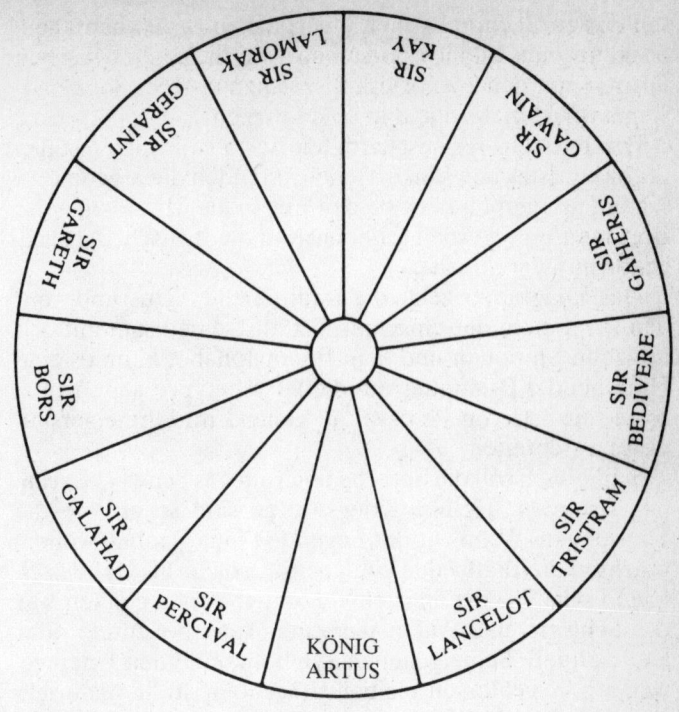

sten Tag nach dem jüdischen Passahfest begangen.) Diese Zahl spielt auch beim Drei-, Vier- und Fünfeck eine wichtige Rolle, wobei uns die Summe aus der Anzahl von Ecken wieder auf die Zwölf zurückführt. Für die Gnostiker bedeuteten solche numerischen Häufigkeiten das Verbindungsglied zwischen den universalen Kräften und der Manifestation ihrer Energien in Form fester Materie.

Zwischen dem rhombischen Dodekaeder und dem Oktaeder gibt es interessante Gemeinsamkeiten. Letztere platonische Figur hat acht dreieckige Oberflächen, von denen jede ein perfektes gleichseitiges Dreieck darstellt. Sie kann in einem rhombischen Dodekaeder plaziert werden, so daß die Kanten des Oktaeders mit den Hauptachsen der zwölf rhombischen Oberflächen zusammenfallen. So kann man bildlich darstellen, wie die archetypischen Formen mit den zwölf Tierkreiszeichen unseres Sonnensystems verschmelzen und in ihnen wirken.

Die Tempelritter beschäftigten sich ausführlich mit dieser okkultistischen Linie. Vielleicht fanden diese geometrischen Paradigmen über sie den Weg in die Mythologie der Bretonen und wurden schließlich in die britische Artuslegende aufgenommen.

Das Diagramm zeigt die traditionelle Artusrunde mit den Positionen der einzelnen Ritter. Gemeinsam mit den dreizehn Stationen und dem Baumalphabet kann es eine Hilfe bei der Besinnung auf diese Archetypen sein, wobei es ratsam ist, von Perceval ausgehend im Uhrzeigersinn weiterzuschreiten.

Schließlich soll die Sprache noch auf das Schwert Excalibur kommen. Heilige Kriegswaffen sind so alt wie die Menschheit. Wenn wir der Legende Tuans glauben wollen, brachten die Tuatha de Dannans eine solche als Gabe nach Irland mit. Für die meisten Völker der Vergangenheit war das Schwert eine Waffe, die Zerstörung bedeutete oder Sieg verhieß. Seine geheime Symbolik muß den Uneingeweihten verschlossen bleiben. Excalibur ist die materialisierte Macht Merlins, während Merlin selbst die magische Kraft des keltischen Ethos repräsentiert.

Sein Archetyp verkörpert das ewige magische Prinzip der Zähmung und Kanalisierung unsichtbarer Energien, um sie auf einer leichter wahrnehmbaren Ebene nützen zu können. Diese Energien bergen große Gefahren. Von daher ist es ratsam, sich zur rechten Zeit von einer Konfrontation mit ihnen zurückzuziehen. Wie wir schon bemerkten, ist der Schluß der Merlinlegende voller Rätsel. Warum wurde der Magier von seinem Gegner überwunden und unter einem Stein begraben? Anders ausgedrückt, wurden die Energien, die er verkörpert, von einer fremden Macht zu unseren Gunsten besiegt und gebändigt? Sind sie für alle Zeiten gebannt, oder können sie unter gewissen Umständen wieder freigesetzt werden?

Da Excalibur dem Geist der Gewässer wieder zurückgegeben wurde, liegt die Wahrheit über dieses alte Wissen in der Tiefe des Meeres und damit in unserem Unterbewußtsein begraben. Die Überlieferung besagt, daß es eines Tages jenen wieder erscheinen wird, die immer nach ihm gesucht haben, um sie zur gegebenen Stunde in den Besitz der spirituellen Weisheit zu bringen.

1. Mead, G. R. S., *Fragments of a Faith Forgotten*, S. 325.

25. Erdriten und Volksmusik

Die keltische Magie hatte viele Seiten. Sie war nicht nur auf die druidischen und bardischen Ausdrucksformen beschränkt, sondern offen für viele individuelle Praktiken. Auch die Erdriten und die Volksmusik hatten ihren Stellenwert, da sich die einfachere Landbevölkerung besser damit identifizieren konnte als mit den bereits erläuterten abstrakten Kulten.

Menschen, die nicht durch eine Dominanz der linken Gehirnhälfte gehemmt sind, können mit den Naturkräften und -energien schneller Kontakt schließen und sind besonders auf dem Gebiet der mentalen Heilung im Vorteil. Das neurotische und gewalttätige Stadtleben ist zum guten Teil auf die mangelnde Fähigkeit zurückzuführen, physische und psychische Kräfte in der Natur zu erneuern. Ein Bewußtsein, wie es aus den Riten und Mythen der alten Kelten spricht, wäre ein geeigneter Weg zur Besserung. Vorerst ist es wichtig, die Existenz unseres Planeten als Entität zu begreifen. So wie wir Menschen einen Körper mit Blutkreislauf, Herz, Knochen und Nerven unser eigen nennen, ist auch unsere Erde ein lebendiger Organismus. Ebenso wie wir hat sie sieben Shakras auf den verschiedenen Kontinenten, die Energiezentren bilden. Ein verzweigtes Netz von Drachen- oder Leylinien verläuft von ihnen ausgehend über den gesamten Globus.

Als die Hohenpriester des »alten Landes« wußten, daß die Erde ihre Position zur Sonne veränderte und sie aus diesem Grunde fünf zusätzliche Kalendertage einführen mußten, konnten sie auch vorhersehen, daß es viele Generationen dauern würde, bis Menschen wieder an das Wissen der Weisen über die Nutzung der Erdenergien gelangen. So versahen sie diese zentralen Punkte mit magischen Siegeln und stellten Wächter davor. Seitdem kann kein Uneingeweihter mehr Einlaß begehren, es sei denn, er ist ein Vertreter der Alten.

Die Geschichte von Merlins Begräbnis bezieht sich auf das Wissen um dieses Shakra, das auf den Britischen Inseln verborgen liegt und im Zeitalter des Wassermanns wieder zutage treten wird. König Artus und seine Ritter, die fertig gerüstet auf das Signal des Geweihten Horns warten, stehen allegorisch für die Freisetzung der Energien.

Was können wir aus diesen und anderen, verwandten Mythen lernen? Die Energien der Erdshakras unterliegen dem Wandel der Zeit. Wer diese Kräfte beherrschen lernt, wird das Metaphysische mit dem Physischen, das Esoterische mit dem Exoterischen und das wache Bewußtsein mit dem kollektiven Unterbewußten vereinen. Doch auch auf diesem Gebiet kann es nur schädlich sein, zu weit in die Zukunft zu blicken und die Entwicklung zu überstürzen.

Schon von unserer aktuellen Position aus können wir viele Arten von Erdenergien nutzen. Die Elemente vermitteln uns wertvolle Informationen über das Wetter, die voraussichtliche Ernte, den richtigen Zeitpunkt für eine Reise, den Charakter mancher Krankheiten und vieles mehr. Von den Erträgen der Erde kleiden, ernähren und erholen wir uns, um nur einige praktische Aspekte zu nennen. An den Energiezentren können wir uns geistig regenerieren, soweit uns der Massentourismus noch die nötige Ruhe dazu gönnt.

Man sollte keine egoistische Konsumhaltung beziehen, sondern sich auch fragen, was der Mensch der Erde geben kann. Ein fundamentales okkultes Gesetz besagt, daß Energien niemals einseitig aufgenommen, sondern stets in gegenseitigem Austausch übermittelt werden. Wie soll ein solcher »Austausch« vonstatten gehen? Zuerst sollte man die Erde als lebendiges Ganzes akzeptieren lernen. Man kann von ihr nichts empfangen, wenn man nichts von ihrer Existenz weiß oder die Zerstörung durch Kriege und die Zivilisation vorantreibt. Engagement ist immer möglich, etwa in einer Umweltschutzpartei. Es gibt genug Wege, dem Planeten, der unser Leben ermöglicht, den gebührenden Respekt zu erweisen. In früheren Zeiten wußten die Menschen noch um die ruhigen Plätze und verehrten die Natur. Mit Dankbarkeit betrachtete man Ströme, gute Ernten und Nutztiere. Die Erde verteilt an alle gleich.

Auch die alten Kelten lebten noch in diesem Bewußtsein. Sie erkannten das Wesen der Flüsse und Wälder und sahen in ihren Bewohnern allerlei wohlgesonnene Wesen. Um ihre Art von Naturverständnis nachvollziehen zu können, braucht man eine Ader für diesen romantischen Surrealismus. Es war kein Volk von lebensuntüchtigen Feiglingen, das ein so spiritualistisches Weltbild entwickelte. Cäsar war ein großer Bewunderer keltischen Muts und keltischer Stärke, dennoch ertönte ihre Musik von der heilkräftigen Harfe, und ihre Lieder kamen von den Sternen.

Man kann diese Mentalität wiederentdecken, wenn man die Jahreszeiten mit Freude und Dankbarkeit willkommen heißt, die Erträge unserer Erde mit dem nötigen Respekt genießt und ihren Geistern mit den alten Liedern und Gedichten huldigt, darunter besonders dem Green Man und der Maikönigin. Es wäre an der Zeit, nach Jahrhunderten der Ignoranz und Mißachtung. Die alten Erdriten waren das volksnaheste Element keltischer Magie.

26. Die okkulte Bedeutung der Musik

Musik ist von großer okkulter Bedeutung, darum ist es sehr wichtig, welche Art von Musik in rituellen oder meditativen Zusammenhängen verwendet wird. Entscheidend ist dabei, daß Musik niemals eine seelische Zerrissenheit bewirken darf, d. h., der Zuhörer soll niemals die Balance und die Selbstkontrolle verlieren oder »außer sich« geraten. Trommelrhythmen z. B., die ein wenig schneller sind als der durchschnittliche Herzschlag des Menschen, können unerwünschterweise zur Selbsthypnose oder auch zu Überreaktionen führen. Jede Musik, welche die niedrigen, instinkt- und triebbestimmten Ebenen der menschlichen Psyche stimuliert, ist deshalb ungeeignet.

Die verschiedenen magischen Ebenen können durch Oktavreihen in wechselnden Lagen wiedergegeben werden. Darüber hinaus sind allen Tönen auch Farben zugeordnet, wie aus der folgenden Auflistung zu ersehen ist:

Farbe	Note
Rot	C
Orange	D
Gelb	E
Grün	F
Blau	G
Indigo	A
Violett	H

Gemäß dieser Zuordnung lassen sich tonale Farbgraphiken erstellen. Die düsteren Klänge von Braun-, Grau-, und dunklen Rottönen bilden beispielsweise einen scharfen Kontrast zu den hellen und leichten Pastellfarben; Militärmusik ertönt in den strahlenderen Schattierungen von energiereichem Rot, während friedvolle, blaugrüne Klänge für Meditation, Entspannung und Ruhe stehen. Darüber hinaus können sich durch das Mischen von Farben auch harmonische Tonkombinationen ergeben.

Die jüngere europäische Musiktradition basiert auf der Durtonleiter und der melodischen Molltonleiter. Die Ägypter, welche die Farbentonleiter ebenfalls kannten, benutzten interessanterweise eine Skala mit den Tönen C, D, E, F#, G, A H; der Farbe Grün entsprach bei ihnen, übereinstimmend mit den oben gegebenen Ton/Farb-Kombinationen, ein Türkiston (F# statt F).

Wenn man diese Tonleiter in Halbtöne unterteilt, erhält man die »Zwölf-Formel« mit ihren mannigfaltigen Bedeutungen (zwölf Apostel, Olympier, Ritter der Tafelrunde, Tierkreiszeichen usf.). Wenn man nun die obere Oktave daranfügt, kommt man wieder auf das rhombische Dodekaeder, die »Dreizehn-Formel«.

Musik ist, wie Medizin auch, in vier Klassen unterteilbar, die *tonische,* die *stimulierende,* die *beruhigende* und die *narkotische;* diese Wirkungen sind im magisch-rituellen Zusammenhang von großer Wichtigkeit. Die Musik ist dabei entsprechend dem Charakter der evozierten Gottheit auszuwählen. So ist helle und freudvolle Musik den Sonnengöttern zugeordnet, intellektuellere Stücke dagegen den Unsterblichen, wie Gwydion oder Merlin, die eher die geistigen als die emotionalen Aspekte repräsentieren; dunklere Klänge schließlich gehören dem Bereich der Unterwelt an, deren Götter für die tieferen Schichten des Unterbewußtseins stehen. Es gibt beispielsweise eine bestimmte Art von Musik, welche die »Middle Kingdoms« anspricht, dazu gehören auch Stücke wie Mendelssohns *Mittsommernachtstraum* oder Strawinskys *Feuervogel* und *Le Sacre du Printemps* sowie ein guter Teil der Volksmusik.

Auch die Wahl der Instrumente innerhalb der rituellen Zeremonien ist bedeutsam, und auch hier gibt es eine Zuordnung von Instrumenten und Elementen:

Instrument		*Element*	
Flöte		Luft	
Harfe		Wasser	
Sistrum		Erde	
Leier		Feuer	

Später trat dann die Orgel mehr und mehr an die Stelle der Flöte, das Glockenspiel ersetzte das Sistrum und die menschliche Stimme die Leier. Daneben können die vier Elemente jedoch gegebenenfalls auch durch andere Instrumente vertreten werden.

Wenngleich die gnostische Musik manche religiöse Abänderung (z. B. zum Klagelied) erfahren hat, sind Fragmente davon auch in moderner Musik noch zu finden. Gustav Holst hat mit seiner *Hymne an Jesus* z. B. auf ein altes gnostisches Tanzritual zurückgegriffen.

Die Freimaurer benutzten für ihre rituellen Handlungen Es-Dur, und auch einige berühmte Komponisten, die selbst Freimaurer waren, bevorzugten diese Tonart. In Mozarts *Zauberflöte* finden sich beispielsweise zahlreiche ins Freimaureridiom übertragene, magische Symbolismen, von denen sich viele bis auf gnostische und prächristliche Quellen zurückverfolgen lassen. Im berühmten *Lied zweier geharnischter Männer* aus dem Finale der *Zauberflöte* sind vokale Ehrerbietung für die Göttin mit der angemessenen mystifizierenden Musik verknüpft. Ich kann leider nicht das ganze Stück vorstellen, aber es sei jedem freigestellt, die Analogien zwischen älteren Klage- und Volksliedern, die ich erwähnte, und den markanten von Mozart verwendeten Intervallen nachzuprüfen. Diese sind schon an den ersten Takten der Tenorstimme abzulesen; daran anschließend der kurze Text des Stückes:

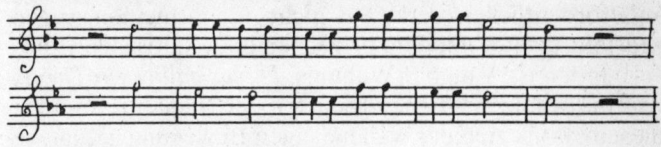

Lied zweier geharnischter Männer

Der, welcher wandert diese Straße voll Beschwerden,
wird rein durch Feuer, Wasser, Luft und Erden;
wenn er des Todes Schrecken überwinden kann,
schwingt er sich aus der Erde himmelan.
Erleuchtet wird er dann imstande sein,
sich den Mysterien der Isis ganz zu weih'n.

Ein wichtiger Beleg für die Rolle der Musik innerhalb des Okkultismus findet sich in einem Buch von Bob Stewart, das den Titel *Die Unterwelt-Initiation* trägt; Michael Howard, dessen Urteil auf diesem Feld ich unbedingtes Vertrauen schenke, kommentiert in einer Rezension des Buches: »Stewart nutzt seine Kenntnisse der mündlich überlieferten Volkstradition, um zu zeigen, daß die Initiationsriten westlich-mythologischer Tradition auf keltischen und präkeltischen mythologischen Formen begründet sind. Er gab ihnen den Namen *Unterwelt-Initiation,* weil sie den Kontakt mit anderen Welten während einer symbolischen Reise mit einschließen. Seiner Ansicht nach sind diese inneren Welten keinesfalls bloße Einbildung des Menschen, sondern von tatsächlicher Existenz innerhalb von Raum und Zeit. Sie sind durch den Gebrauch magischer Tonarten zugänglich und erfahrbar zu machen, die er in diesem Buch auch vorstellt. Stewart glaubt, sie in Volksballaden wiedergefunden zu haben, in welchen sie erhalten geblieben sind, trotz des ungeheuren äußeren Drucks, der danach strebte, alte überlieferte Weisheit zu unterdrücken.«[1]

Man kann sich dem okkulten Gehalt der Musik natürlich auch mittels der Klassik nähern. Von besonderem Interesse wären dann diejenigen Komponisten, deren Werke den britischen oder elementaren Strömungen verpflichtet sind. Was die keltische Magie betrifft, gibt es allerdings ein außerordentliches Werk, das nicht nur in meinen Augen wie kein zweites mit dem britischen oder keltischen Ethos verbunden ist: Vaughan Williams' *Fantasie über ein Thema von Tallis.* Die magischen Tonarten und Sequenzen sind in diesem Stück zu einer wellenartigen Bewegung gefügt, so daß man mit dem sich hebenden und senkenden Rhythmus die Wellen an einer jener diesigen und mystischen britischen Küsten zu hören glaubt, in jener Zeit, als der strahlende Llew am Beginn der »dunklen Stunden« Gwyn ap Nudd seine Sonnenuhr übergab.

Es gibt viele Menschen, die geistig oder auch emotional von nur einem bestimmten Komponisten angerührt werden, während sie das Werk eines anderen völlig kalt läßt. Das hängt damit zusammen, daß jede Art von Musik Ober- und Untertöne hervorbringt, die sowohl dissonant als auch konsonant zur eigenen Persönlichkeit und dem Grad der individuellen Entwicklung sein können. Wer die Musik der Romantik bevorzugt, wird die strenge, intellektuelle Musik eher meiden – allerdings darf man auch hier nichts pauschalisieren, und ein wirklicher Musiker wird zu den verschiedensten musikalischen Ausdrucksformen einen Bezug finden.

Es wird oft behauptet, Flötenklänge könnten Schlangen gefügig machen oder auch gewisse höhere Bewußtseins-schichten erschließen, was allerdings noch nicht gleichbe-deutend mit einer Weiterentwicklung im spirituellen Sinne sein muß. Bei den alten Ägyptern gab es geheime Treffen von Eingeweihten, die durch Musik gerufen wurden, durch den sogenannten »Ruf des Ibis«; wenngleich er nie-mals niedergelegt wurde, dürfte er dem »Ruf des Pan« in der griechischen Mythologie nicht unähnlich gewesen sein.[2] Jedes Musikstück, in welchem dies in umgekehrter Weise geschieht, scheint gegensätzliche Wirkungen auf die Stimmung des Zuhörers auszuüben. Man kann dies zwar nicht jeder einzelnen Musikrichtung zuschreiben, und wi-dersprüchliche Klangformationen gibt es sicher sowohl in der besten wie auch in der schlechtesten Musik; den gro-ßen Meistern jedoch, wie Bach, Händel oder Mozart, ist es gelungen, sie völlig zu vermeiden.

Auch die Verschiedenheit der Länder und Kulturen bringt natürlich unterschiedliche Musiktypen hervor, und es ist durchaus möglich, daß jemand Trost in chinesischer Musik oder westindischen Rhythmen findet. Wer sich sei-ner eigenen Richtung noch nicht ganz sicher ist, sollte sich die zuvor genannten Stücke der klassischen und der Volks-musik einmal anhören.

1. *Prediction* magazine, Dezember 1986, S. 67.
2. Hope, Murry, *Practical Greek Magic,* S. 116.

27. Initiation

Es ist eine irrige Vorstellung, daß Initiation gleichbedeutend sei mit einer Prüfungsprozedur, zu welcher man sich an einem bestimmten Ort einzufinden habe, eine Menge Fragen beantworte und ein paar Lehrsätze auswendig aufsage, woraufhin man dann drei Tage und drei Nächte in einem finsteren Grabhügel verbringe, um schließlich – wenn man es heil überstanden hat – ein Eingeweihter zu sein.

Initiation ist, zumindest was den Okkultismus betrifft, ein niemals endender Prozeß, denn man erreicht nie jenen letzten Grad vollkommener Kenntnis. Mit zunehmendem Wissen und Bewußtsein wächst ganz im Gegenteil die Einsicht, daß man nichts oder wenig begreift, verglichen mit dem, was es zu lernen und zu wissen gibt. Auch sind Kenntnis und Weisheit nicht ein und dasselbe. Es gibt Menschen, die jedwelche Fakten wie ein Computer aufnehmen können, aber gegenüber Alltagssituationen oder Dingen, die nicht in ihren Büchern stehen, vollkommen hilflos sind. Der Grund hierfür ist ihr Mangel an echter Kundigkeit, kreativem Vorstellungsvermögen und geistiger Flexibilität, allesamt unverzichtbare mentale Fähigkeiten jedes echten Okkultisten.

Wesentliche Voraussetzung für den Anwärter ist das Vermögen, sich selbst nach den unvermeidlichen Rückschlägen wieder aufzurichten, die eigenen Überzeugungen in einem anderen Licht zu sehen und fest an den neu gewonnenen Einsichten festzuhalten, auch wenn sie allgemein üblichen Moden, Gewohnheiten und Verhaltensweisen widersprechen.

Initiationsriten verändern sich mit den Sitten und Zeitaltern. In der keltischen Magie unterstanden sie dem Richtspruch der Gottheit Keridwen und ihres Gefolges, einschließlich Hu Gadarn oder Gwydion, Avagddu und dem Barden Taliesin. In diesen Initiationsriten findet sich der einzige Hinweis magisch-keltischen Rollenspiels, denn der Hohepriester oder die Hohepriesterin nahmen jene Charakterrolle an, die für die Initiation bedeutsam war. Nach Davies steht Hu Gadarn für die ursprünglichen Wahrheiten, die einst von fern her zu den Inseln gebracht wurden. Keridwen deutete sie, und Taliesin legte sie nieder. Der Barde Iolo Goch schrieb im vierzehnten Jahrhundert über Hu:

Hu der Mächtige war der Souverän und gewandte Beschützer, ein König, der Spender von Ernte und Wein, der Herrscher über Land und See und alles Leben auf der Welt. Nach der Sintflut führte er mit starker und geschickter Hand den Pflug; dies tat unser Herr, um dem Stolzen ein Vorbild zu sein und kundzutun, was von unserem ehrwürdigen Vater am meisten geschätzt wird; dies ist wahrlich keine falsche Gesinnung.[1]

Wenn wir die Rolle, welche die Göttin in diesem Zusammenhang spielt, verstehen wollen, müssen wir die Legende von Taliesins Geburt rekapitulieren. Während jener Zeit, als Keridwen Gwion Bach verfolgte, ereigneten sich viele Veränderungen, die alle durch heilige Tiere oder Vögel versinnbildlicht wurden. Dies könnte als Symbolisierung bestimmter Entwicklungsstufen der Seele aufgefaßt werden, aber es gibt noch eine andere Erklärung. Einige Gelehrte, darunter auch Davies, gehen davon aus, daß es tatsächlich einen magischen Kessel gegeben hat, in dem ein besonderer Trank gebraut und von den Aspiranten eingenommen wurde. Die Sage hat wirklich sehr viel mit manchen Stellen des Eleusiums gemein, bis hin zu den neun Jungfrauen, die die Kesselglut anfachten (im Eleusium sind es die neun Musen), so daß Davies und andere Autoren folgern, der walisische Ritus gehe auf den griechischen zurück und Keridwen sei identisch mit Demeter oder Keres. Wenngleich diese Hypothese wohl zumindest teilweise richtig ist, muß man diese alten Riten aufgrund der nationalen Prägung als unabhängige keltische Schöpfungen ansehen und unter diesem Aspekt betrachten.

Gemäß Davies' Nacherzählung der Sage von Keridwen

fuhr die Göttin in einem von Drachen gezogenen Wagen, woraus man schließen kann, daß die Beherrschung der Naturkräfte mit zu den Aufgaben gehörte, die der Anfänger zu lösen hatte. Die Göttin hatte zwei Kinder, die Tochter Creiwy und den häßlichen Avagddu; letzterer steht für das spirituelle Niveau des Einzuweihenden vor der Initiationszeremonie, die Häßlichkeit symbolisiert dabei das dunkle, unerleuchtete Antlitz der Unwissenheit. Wenn die rituellen Handlungen erfolgreich abgeschlossen sind, wird er aus ihnen jedoch, gleich dem Barden Taliesin, mit strahlender Stirn hervorgehen.

Hu ist identisch mit dem altbritischen Gott Bilé und dem walisischen Gwydion. Keridwens Tochter Creiwy wird gleichgesetzt mit »Arianrod des Silberrades« und Iris, »Göttin des Regenbogens«, obwohl in den alten triadischen Versen der Regenbogen als Attribut Gwydions genannt wird, des britischen Hermes, der wiederum synonym mit Hu Gadarn sein soll. Wir haben bereits festgestellt, daß es tatsächlich oft viele verschiedene Namen für ein und dasselbe spirituelle Prinzip gibt. Keridwen setzte das Weidenschiff, in dem der Säugling Taliesin lag, am 29. April auf dem Meer aus, so daß es von Elphin rechtzeitig zum Beltaine-Fest entdeckt werden konnte. Alte Feiertage wurden also, wie man sieht, in Initiationsriten aufgenommen.

Ein häufiges Phänomen innerhalb der keltischen Mythologie ist zweifelsohne das »shape-shifting«, d. h. die Fähigkeit, die eigene Erscheinung nur durch den Willen zu verändern. Stewart kommentiert dies wie folgt: »Keltische Götter tauschen beispielsweise oft mit Leichtigkeit die äußere Gestalt untereinander, während wir naiverweise glauben, sie wären noch ein und dieselben.« Sie sind so flüchtig in ihrer Erscheinung, daß es schwerfällt, sie auf eine typische Gestalt festzulegen, wie es bei den griechischen, römischen oder babylonischen Gottheiten möglich ist – aber das entspricht wohl sicher dem keltischen Wesen. »Warum«, fährt Stewart fort, »sollte eine Göttin heute noch dieselbe wie gestern sein, und wer sagt, daß sie morgen noch dieselbe sein wird, die sie heute ist? Das Wesen eines Traumes oder einer magischen Kraft bleibt sich gleich, aber seine *Form* ändert sich. Die Starrheit des Denkens ist dem Wahnsinn näher als dem Fließen des Wassers.«[2]

Aber das Verändern der Gestalt bedeutet weit mehr, als daß die Götter Namen und Erscheinungen wechseln. Hierin liegt eine Lehre über andere Lebensformen, die nicht allein unseren Planeten bewohnen, sondern auch andere Regionen des Universums, und die es für den Einzuweihenden zu begreifen gilt. Metaphysisch gesprochen ist das Universum ein verbundenes Ganzes, das man am besten mit einem gigantischen Baum mit unzähligen Ästen vergleichen kann. Wir repräsentieren nur einen kleinen Zweig dieses Baumes, der zwar unverzichtbar, aber dennoch von nicht größerer Bedeutung ist als alle anderen Äste, Zweige oder Blätter. Da wir alle von denselben Wurzeln abstammen, sind wir ein Teil der kosmischen Familie, die das Bild des Baumes illustriert, und es ist uns deshalb aufgegeben, aller kosmischen Verbindungen seines Geästes gewahr zu werden.

Die neun metaphysischen oder okkulten Gesetze

Ich habe bisher sehr häufig auf die magischen Ziffern Bezug genommen, so zu den neun Musen oder Priesterinnen, die den magischen Kessel bewachten, das Feuer unter ihm anfachten und auch die neun okkulten Gesetze aussprachen. Ich will diese darum hier in voller Länge einfügen:

Das Gesetz des Rückschlages

Es besagt, daß eine übergeordnete Kraft einer unter ihr stehenden immer überlegen sein wird. Sollte also ein Aspirant sich gegen einen Eingeweihten oder eine entkörperte Energie stellen, der oder die kundiger oder stärker ist als er selbst, wird alles, was er in seine oder ihre Richtung wirft, zu ihm zurückprallen, und zwar mit derselben Kraft plus der Kraft seines Gegenübers.

Das Gesetz der drei Anfragen

Alle Fragen an das Jenseits werden dreifach beantwortet. Die erste Antwort richtet sich an das Bewußtsein, die Wiederholung spricht den Verstand an, und das dritte Mal wird der direkte Kontakt mit der psychischen Kraft des Fragenden aufgenommen (wie bei der dreifachen Verleugnung Christi durch Petrus). Dieses besondere Gesetz wird in der keltischen Magie sehr streng befolgt, zumal es das Mysterium der heiligen Drei-Zahl enthält.

Das Gesetz der Herausforderung

Jede Vision und jeder Traum, alle Quellen der Inspiration und alle Vermutungen, kurz: alles, was von jenseits der Grenzen der Logik und des rationalen Denkens an uns heranzutreten scheint, sollte herausgefordert werden. Es ist eine Übung in völliger Aufrichtigkeit, denn der Aspirant sollte stets der vagen Grenze gewahr sein, welche die alltägliche Realität von den fremden, undurchdringlichen Welten und die Inspiration von der Verblendung trennt.

Das Gesetz der Gleichwertigkeit

Wenn zwei gleichwertige Kräfte aufeinandertreffen, wird eine von beiden schließlich zurückweichen und die andere dadurch auf ein höheres Niveau steigen. Zu diesem Gesetz finden sich Analogien in der Teilchenphysik und in den Naturgesetzen.

Das Gesetz der Balance oder des Gleichgewichtes

Diesem Gesetz nach sollte sich alles gemäß seiner Art und seines okkulten Status verhalten. So ist es beispielsweise ein nutzloses Unterfangen, Stunden damit zu verbringen, genügend psychokinetische Energie zu aktivieren, um einen Tisch sechs Zoll weit zu bewegen, wenn man den gleichen Effekt durch einen leichten Stoß erzielt: Diese vergeudete Energie kann besser verwendet werden, um konstruktive Wege der Veräußerung zu finden. Das Gesetz der Balance hängt auch mit der Bedeutung der Gleichgewichtigkeit zusammen, die für das zufriedenstellende Funktionieren und den angemessenen Ausdruck auf jedem energetischen Niveau notwendig ist; damit verknüpft ist insbesondere auch der Bereich von Krankheit und Heilung. Demnach sind jegliche Exzesse verpönt, statt dessen wird ein bedachter Umgang mit dem eigenen Körper gefordert, der Gastgeber für viele andere Lebensformen ist – einschließlich der vier Elemente – und ohne den es weder eine molekulare Struktur noch physische Körperlichkeit überhaupt gäbe.

Das Gesetz der Aufforderung
Dieses Gesetz bezeichnet, inwieweit Dinge, im Verhältnis zu unserem okkulten Grad, in unserem Sinne arbeiten oder nicht. Wenn der Schüler eine okkulte Anweisung, die ihm gegeben wurde, als falsch erachtet, zeugt das davon, daß er sich das Recht dazu noch nicht verdient hat. Dies wird bei solchen Schülern häufig vorkommen, deren Arbeit zur Starrheit neigt, oder aber jenen, die von den höchsten Königreichen Rat »einfordern«, um dann zu erkennen, daß sie von diesen Mächten vorgeführt werden, die zu beherrschen sie sich eingebildet hatten. Sie werden damit lediglich auf ihren tatsächlichen Platz verwiesen.

Das Gesetz der Polarität
Es gibt viele Ausprägungen dieses Gesetzes, wie positiv und negativ, »anima« und »animus«, männlich und weiblich, den spirituellen und den rationalen Aspekt des individuellen Reifungsprozesses, usf. Der Einzuweihende muß diese Gegensätze bewußt in sich tragen, bevor er auf seinem Weg über einen bestimmten Punkt hinausgelangen kann. Wenngleich viele Leute dieses Gesetz umgehen wollen, ist es von größter Bedeutung für die höchsten Königreiche, die jenen niemals Achtung erweisen werden, die sich ihm nicht unterordnen. Die Gefahr liegt darin, daß diese Polaritäten um so mehr verwischen, je weiter fortgeschritten und verfeinert ein Wesen ist. Der Idealzustand, so die Überlieferung, ist das vollkommene Gleichgewicht zwischen »anima« und »animus« im einzelnen, ohne daß

das kosmische Gesetz aufgezwungen oder gebrochen werden müßte.

Das Gesetz von Ursache und Wirkung

Es wird allgemein auch das Gesetz des Karmas genannt. Allerdings ist Karma ein durch und durch östlicher Begriff, der lediglich dazu dient, das Prinzip von Aktion und Reaktion zu benennen. Ein meist unbeachtet gebliebener Aspekt dieses Gesetzes ist seine Bedeutung für den Austausch von Energien; damit ist gemeint, daß wir niemals etwas erwarten sollten, ohne etwas gegeben zu haben, wenngleich dieser Austausch nicht immer ganz ausgeglichen sein muß. Wenn ein Bettler ein Almosen empfängt, braucht er es zwar nicht mit Geld zurückzubezahlen, kann es aber z. B. durch einen Dienst für seinen Wohltäter vergelten, der seinen Fähigkeiten und Möglichkeiten angemessen ist. Dasselbe gilt umgekehrt auch für den Reichen, der Geld geerbt hat, das er sich nicht selbst durch Arbeit verdient hat. Dem kosmischen Gesetz nach übertrifft oft ein einfaches Gebet, aus tiefer Aufrichtigkeit heraus gesprochen, die großzügigste Geldspende des Reichen.

Das Gesetz des Wohlstands (manchmal auch Gesetz des Überflusses genannt)

Dieses Gesetz besagt, daß Gleiches Gleiches anzieht, also Geld dazu tendiert, mehr Geld zu werden, daß eine Angst ein unerfüllter Wunsch ist, usf.

Dies also sind die »Neun Gesetze«, die jeder Aspirant auf Erleuchtung sich sorgfältig anzueignen hat, bevor er auf seinem Weg vorankommen kann. Alle Probleme, auf die er auf diesem Weg stoßen mag, lassen sich auf die Nichtbeachtung des einen oder anderen dieser Gesetze zurückführen. Auch die Zugehörigkeit zu irgendeiner anderen großen Religionsgemeinschaft schützt nicht vor der Bestrafung, die das Brechen mit diesen Gesetzen zur Folge hat: Auch die Anhänger etablierter Glaubensrichtungen müssen unter den negativen physischen und geistigen Effekten leiden, die aus der Nichtbefolgung dieser Statuten resultieren. Jeglicher Fanatismus beispielsweise widerspricht in jeder Hinsicht dem kosmischen Gesetz.

Den Abschluß dieses Kapitels bilden einige ausgewählte Passagen einer sehr berühmten keltischen Schrift, dem *Cad Goddeu* (der »Schlacht der Bäume«), die Taliesin oder Gwion zugeschrieben wird. Das Gesamtwerk, das ich aus Platzgründen hier natürlich nicht einfügen kann, stellt eine Art Rätsel dar. Es kann als Kommentar zum mythischen Entwicklungsweg gedeutet werden, dem der Einzuweihende folgen muß, um Weisheit zu erreichen (man beachte die Anspielungen auf das Wesen der Zeit), oder aber als Fragment der Erfahrungen einer anderen Seele, das – im Zusammenhang mit der erwähnten Kunst, die äußere Erscheinung zu ändern – aufgefaßt und gedeutet werden muß. Eine andere keltische Schule sieht darin einen Bericht der vergangenen Weltgeschichte und der alten Götter in ihren vielfältigen Verwandlungen seit dem Anbeginn aller Zeit, der in der geheimen Baumsprache niedergeschrieben wurde. Da der Text scheinbar beide Züge in sich vereint, darf er als wertvoller Beleg für das unverfälschte Altertum keltischer Tradition angesehen werden.

Cad Goddeu

1.

Seit jeher existierend, in den großen Meeren, aus jener Zeit, als der Schrei vernommen wurde, wurden wir fortgetragen, zerlegt und erleichtert von den Gipfeln der Birken. Die Wipfel der Eichen verbanden uns durch den Zauber des Mael Derw; den Fels zu seiner Seite anlächelnd, blieb Nêr still und ruhig.

2.

Als meine Gestalt vervollkommnet wurde, war ich nicht Sohn eines Vaters und einer Mutter; von neun elementaren Formen stamme ich ab – von der Frucht aller Früchte; von der Frucht des ursprünglichsten Gottes; aus Schlüsselblumen bin ich geformt; aus der Blüte des Berges; aus den Blüten der Bäume und Sträucher; aus dem Lehm der Erde; aus den Blüten der Nesseln und dem Wasser der neunten Welle.

3.

Mãth trieb mir das Böse aus, bevor ich unsterblich wurde. Gwydion trieb mir das Böse aus, der große Reiniger von Brython, Eurwys, Euron und Medron und den vielen Lehrern der Wissenschaften, den Kindern von Mãth.

Als der Umbruch sich vollzog, trieb der König mir das Böse aus, als er selbst schon halb verzehrt war. Der Weiseste der Weisen trieb mir das Böse aus, in der ersten aller Welten, in der auch ich schon lebte: Zahlreich waren die Begünstigungen des Barden, wenn der Gastgeber der Welt wohlwollend gestimmt war. Ich bin es, der das Loblied lenkt, das die Zunge verkündet.

4.

Ich veränderte mich im Düstern, ich schlief inmitten von Purpur, wahrhaft ich bin mit Dylan auf dem Schiff gewesen, dem Sohn des Meeres, umschlossen inmitten der königlichen Knie, als die Fluten wie das Rauschen feindlicher Pfeile herankamen, vom Himmel zur bodenlosen Tiefe. An der zerrissenen Oberfläche versammeln sich nach und nach achtzig Hundertschaften. Sie sind weder jünger noch älter als ich.

5.

Der beseelte Sänger trägt sein Lied vor. Neunhundert ist die Zahl, die mir zukommt, mit meinem blutbesudelten Schwert. Ich wurde von Dovydd geadelt; und wo er war, da war auch Schutz.

Wenn ich die grüne Ebene des Keilers aufsuche, wird er zusammenfügen und zerlegen und Sprachen ersinnen. Er, der mit starker Hand das Licht ausschickt, gibt allem Form: Mit einem Strahl ordnet er seine Ziffern, die das Feuer auflodern lassen, wenn ich aufsteigen werde.

6.

Eine gesprenkelte Natter auf dem Berg war ich – ich war eine Viper im See – Sterne bin ich gewesen über den obersten Feldherren. In mein Priestergewand gekleidet, wog ich die fallenden Tropfen, die ich aus meiner Schale goß.

Nicht unkundig prophezeie ich bei achtzig rauchenden Altären das Schicksal, das jeden Menschen ereilen wird. Meinem Messer mußten zahllose Beine sich fügen.

Sechs gelbschattierte Rösser gibt es: Doch hundertmal besser als diese ist mein Roß *Melyngan,* wendig wie die Möwe, die mich nicht wird überholen können, zwischen Meer und Strand.

Habe ich, mit dem rubinenen Zirkel auf meinem goldenen Schild, nicht den Vorsitz über die Arenen des Blutes, welche hundert Feldherren bewachen? Der Mensch ist noch nicht geboren, der sich mit mir messen könnte, es sei denn, es wäre Goronwy, aus den Tälern von Edrywy.

7.

Lang und weiß sind meine Finger. Lang ist es her, daß ich ein Hirte war. Ich wanderte durch die Welt, bis ich ein Kundiger wurde. Ich wanderte, ich ging im Kreis, ich schlief auf hundert Inseln; mit hundert Burgen plagte ich mich.

Mit meinem kostbaren goldenen Wappen auf meiner goldenen Waffe, Lo, bin ich der Prächtige, der lachend den einfallenden Heerscharen des Feryll entkommt.[3]

1. Davies, Edward, *The Mythology and Rites of the British Druids,* S. 108, 109.
2. Stewart, Bob, *Where is Saint George?,* S. 44 f.
3. Davies, S. 538–54.

BIBLIOGRAPHIE

Baigent, Leigh, Lincoln, *The Holy Blood and the Holy Grail*, London 1982.

Bergamar, Kate, *Discovering Hill Figures*, Shire Publications, Tring, Herts.

Bord, Janet u. Colin, *Earth Rites*, London 1983.

Cirlot, C. E., *A Dictionary of Symbols*, London 1962.

Davies, Edward, *The Mythology and Rites of the British Druids*, London 1809.

Elder, Isabel Hill, *Celt, Druid and Culdee*, London 1973.

Gantz, Jeffrey, *The Mabinogion*, London 1984.

Graves, Robert, *The White Goddess*, London 1984.

Green, Michael, *Unicornis*, Philadelphia 1983.

Harper, Peter S., Sunderland, Eric, *Genetic and Population Studies in Wales*, Cardiff 1986.

Lethbridge, T. C., *Gogmagog*, London 1957.

Matthias, Michael, Hector, Derek, *Glastonbury*, London 1979.

Mead, G. R. S., *Fragments of a Faith Forgotten*, London 1931.

Mead, G. R. S., *Quests Old and New*, London 1929.

Murray, Margaret A., *The God of the Witches*, London 1979.

Pepper, Elizabeth, Wilcock, John, *Magical and Mystical Sites in Europe and the British Isles*, London 1978.

Rolleston, T. W., *Myths and Legends of the Celtic Rage*, London 1919.

Ross, Anne, *Everyday Life of the Pagan Celts*, London 1972.

Rhys, John, *Celtic Folklore, Welsh and Manx*, London 1980.

Spence, Lewis, *The Magic Arts in Celtic Britain*, Wellingborough 1970.

Spence, Lewis, *The Mysteries of Britain*, London 1932.

Stone, Merlin, *The Paradise Papers*, London 1976.

Stewart, Bob, *Where is Saint George?*, Bradford-on-Avon 1977.

Thorsson, Edred, *Futhark*, Wellingborough 1984.

Waddell, L. A., *The British Edda*, London 1930.

Waite, A. E., *The Occult Sciences*, London 1891.

Wood, David, *Genesis*, Tunbridge Wells 1985.

Witt, R. E., *Isis in the Graeco-Roman World*, London 1971.

The Distribution of the Human Blood Groups and Other Polymorphisms, Oxford University Press 1974.

Larousse Encyclopedia of Mythology, London 1959.

DANKSAGUNG

Mein besonderer Dank gilt Dolores Ashcroft-Nowicki, Maureen Ballard, Paul Greenslade, Roy Claridge und David Furlong, die mir einschlägige Literatur, darunter ansonsten schwer zugängliche Bücher, zur Verfügung stellten.

Weiterhin schulde ich denjenigen Autoren und Verlegern Dank, die mir freundlicherweise gestatteten, aus folgenden Werken zu zitieren: T. W. Rolleston: Myths and Legends of the Celtic Race (Harrap Limited); Lewis Spence: The Mysteries of Britain (Century Hutchinson Limited); Robert Graves: The White Goddess. A. P. Watt Limited (Literarische Agentur, Faber & Faber); Kate Berganar: Discovering Hill Figures (Shire Publications Limited); dem Keltenexperten Michael Howard, der mir erlaubte, aus einer Rezension zu zitieren.

REGISTER

219